知れば知るほど面白い！

クセがつよい妖怪事典

監修　荒俣宏

画と文　左古文男

JN137735

小学館

『クセがつよい妖怪事典』解説

荒俣 宏（作家・博物学者）

妖怪たちを知ることは、たのしい

ちかごろ、妖怪が「町おこし」につかわれたり、ゲーム・キャラクターになったりして、たいへんな人気をあつめています。

でも、子供はもともとオバケが好きでした。人間よりもずっとおもしろそうで、ちょっと化けてみたくなるからです。だから、妖怪パレードが盛りあがるわけですね。じつは平安時代ごろの日本でも、「百鬼夜行」という夜のパレードがありました。鬼があつまって宴会をしている中に、一人のおじいさんがまぎれこんでしまう「こぶとりじいさん」というおとぎばなしも、「百鬼夜行」のおはなしだったのです。

それで、いちばん新しいオバケ祭りに「ハロウィン」というのがありますが、これもアメリカで発展した「夜中のオバケ・パレード」という、妖怪パレードの一種です。ハロウィンは10月31日の夜におこなわれますが、この日は昔のカレンダーでは「おおみそか」、つまり一年が終わる日の夜にあたります。日本でも、おおみそかには、妖怪やお化けがおおぜいで夜の町に出てきて、行列をつくりました。ただ、日本のおおみそかは、新暦の12月31日ではなく、旧暦の「一年の終わりの日」にあたる2月初めでした。一年という節目を分けるので「節分」とも呼ばれましたが、おおみそかだという点でハロウィンと同じ日取りです。その証拠に、節分には豆をまいて、「鬼は外!」と鬼を追い払うでしょう。あれが、日本のハロウィンなんです。

じゃあ、なんでこの日にオバケになって騒ぐのかというと、年と年のさかい目が人間の世界と死者の世界をつなげてしまうからです。オバケが新しい年にも悪さをするといけないから、妖怪退治をするわけですね。でも、よい精霊やオバケもいますから、こっちとは仲よく宴会を楽しみました。

わたしたちはむかしから、そういう「おつきあい」を妖怪たちとしてきました。科学万能の現代は、しばらく、妖怪たちとのおつきあいを忘れていただけかもしれません。この本に出てくる妖怪は、各地の古い伝統に残された「おとなりさん」です。文明はなかったけれど、ゆたかな自然があった日本の暮らしかたを、妖怪が思いださせてくれるはずです。

みなさんは、知れば知るほど、妖怪を好きになりますよ。

もくじ

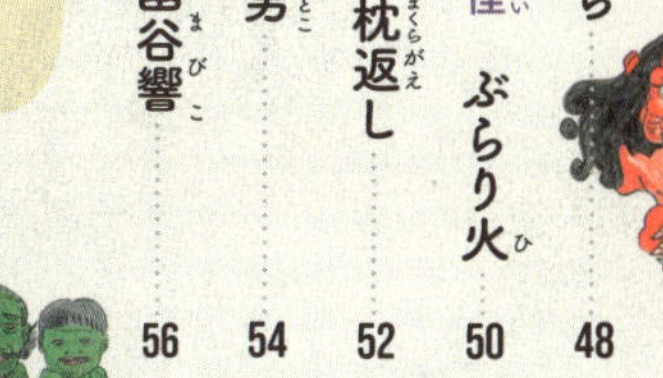

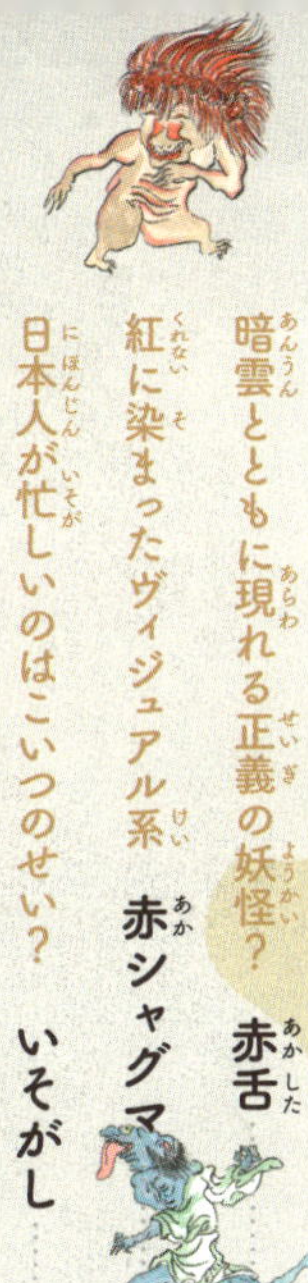

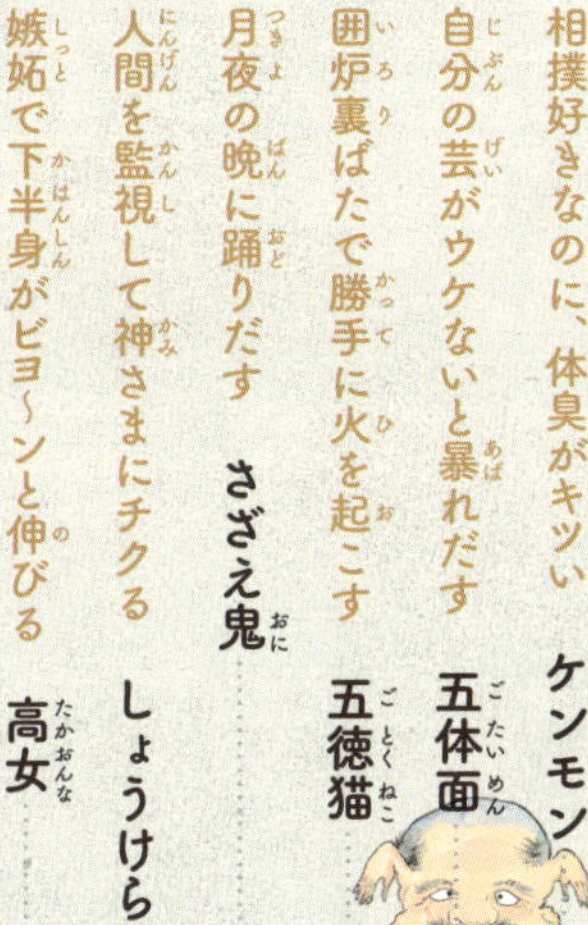

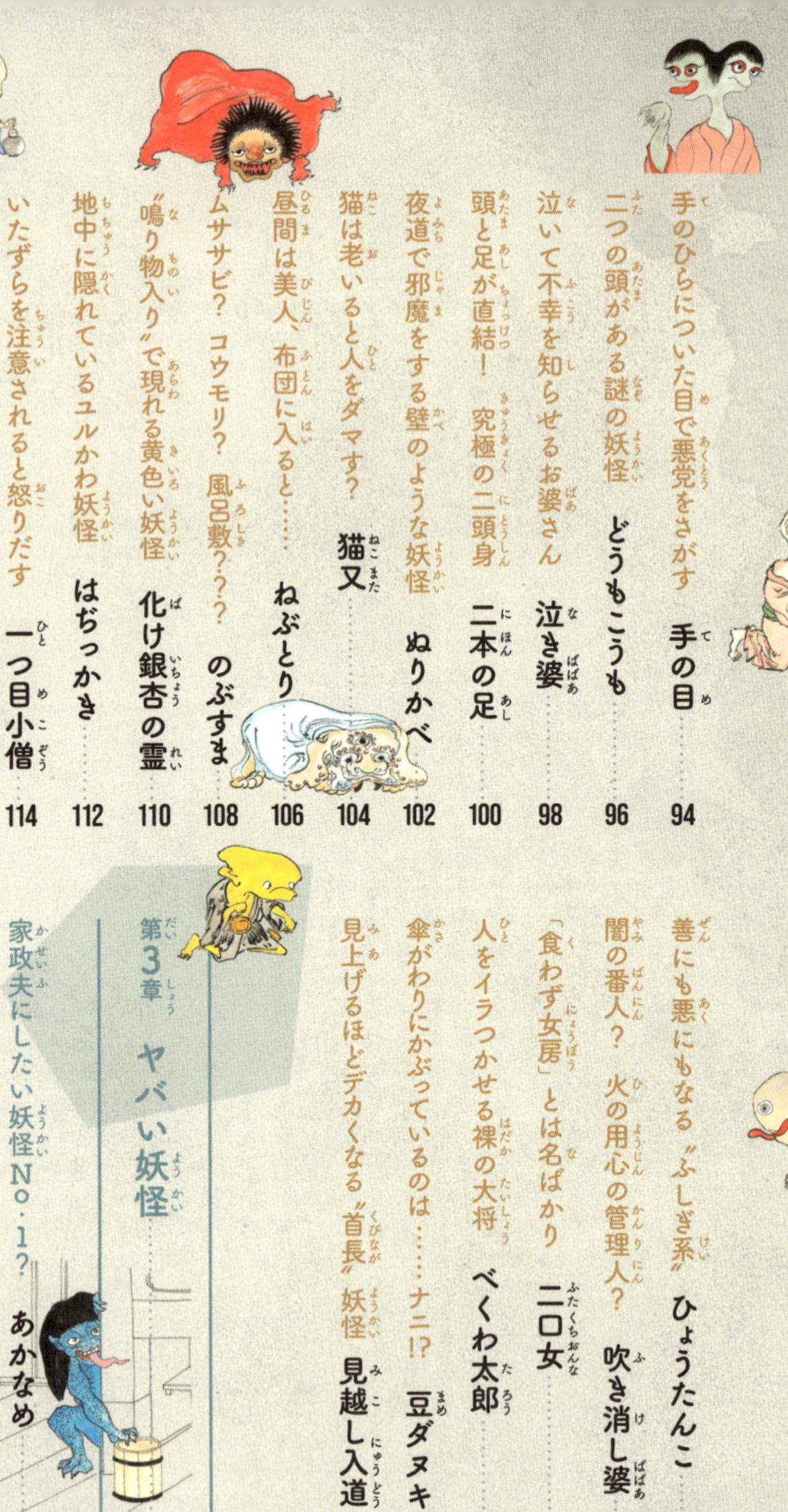

【編集部より】
妖怪は、章ごとに五十音順に並んでいます。
本文中では敬称を略しています。

第1章

ユルい妖怪

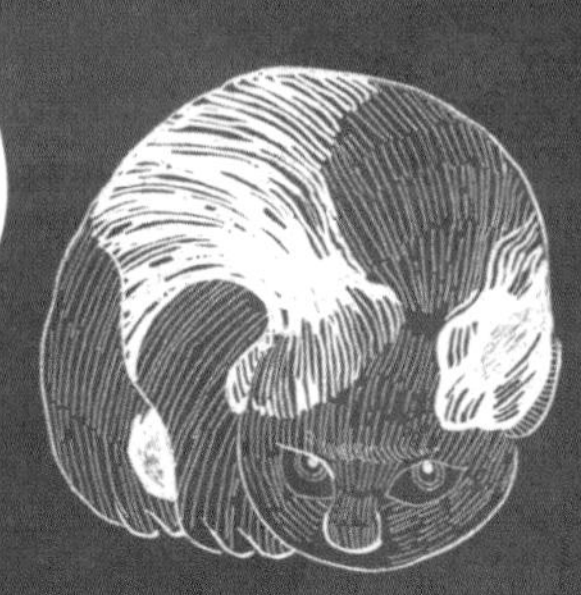

妖怪は怖い？
いえいえ、そんなことはありません。
「なんか、用かい？」なんて
くだらないダジャレをいいながら
ひょっこりと姿を現す
脱力系のユルかわ妖怪も
たくさんいるんです。

笑いながら
小豆を洗うだけ

小豆洗い

パンツを洗って
くんねえかだと？
あんなー！

ショキショキ
ショキショキ
なんだって？

参考画：『絵本百物語　桃山人夜話』
竹原春泉画
（川崎市市民ミュージアム所蔵）

ショキショキという音をたてながら川で小豆を洗う妖怪です。日本各地（＊）で目撃されているメジャーな存在ですが、ほとんどの場合、音だけをさせて姿を見せません。音が気になって近づくと、あやまって川へ落ちてしまったり、化かされたりするといわれています。

姿を見た者はいないといわれていますが、茨城県や新潟県の佐渡島では目撃例があり、娘を持つ女性が目にすると、娘は早くよい結婚相手に恵まれると伝えられています。

その姿は、背が低く目の大きいお坊さんで、江戸時代の浮世絵や妖怪画集には、笑いながら川で小豆を洗っている様子が描かれています。幸せな結婚ができる縁起のいい妖怪といわれるのは、現在でもおめでたい日に赤飯を食べるように、昔から小豆は神聖なものだと考えられていたからです。つまり、小豆を洗う妖怪は神に仕えるものと考えられていたのです。

また、これとは逆に、大分県では「小豆洗おか、人取って食おか」と歌いながら小豆を洗うという恐ろしい話も伝わっています。

ぷろふぃ～る

妖怪名：小豆洗い
出没地：川べり
大きさ：1m 40cm
クセの強さ：●●○○○

＊　日本全国で知られる妖怪だけあって呼び名もいろいろで、広島県や山口県、愛媛県などでは「小豆とぎ」、長野県では「小豆ごしゃごしゃ」、岡山県では「小豆さらさら」、香川県では「小豆やろ」などバラエティー豊富。

雨の神さまに使われる“パシリ”

雨降り小僧

「雨降り小僧」は、江戸時代の絵師・鳥山石燕の妖怪画集や黄表紙（大人向けの漫画本）などに見られる妖怪で、柄のない傘を頭にかぶり、提灯を持った姿で描かれています。その姿は、あどけないユルかわ系で、人を驚かせたりつきまとったり、化かしたりするような妖怪には見えません。

それもそのはず、この小僧系の妖怪は雨の神さまである雨師に仕える侍童で、黄表紙では、人気キャラクターである豆腐小僧（42ページ）と同じく、雑用をさせられる小間使いの役目をする妖怪として登場しています。

黄表紙『御存之化物』では、雨の夜に男が歩いていたところ、傘ではなくて、竹の笠をかぶった一つ目の雨降り小僧が、両手になにかを持って歩み寄ってきたとあります。

いずれにせよ、人には無害の妖怪として紹介されていますが、近年は、雨降り小僧の傘を奪ってかぶると頭から取れなくなるという説や、通り雨を降らせて人が困る様子を見て喜ぶいたずら好きという話などもあるようです。

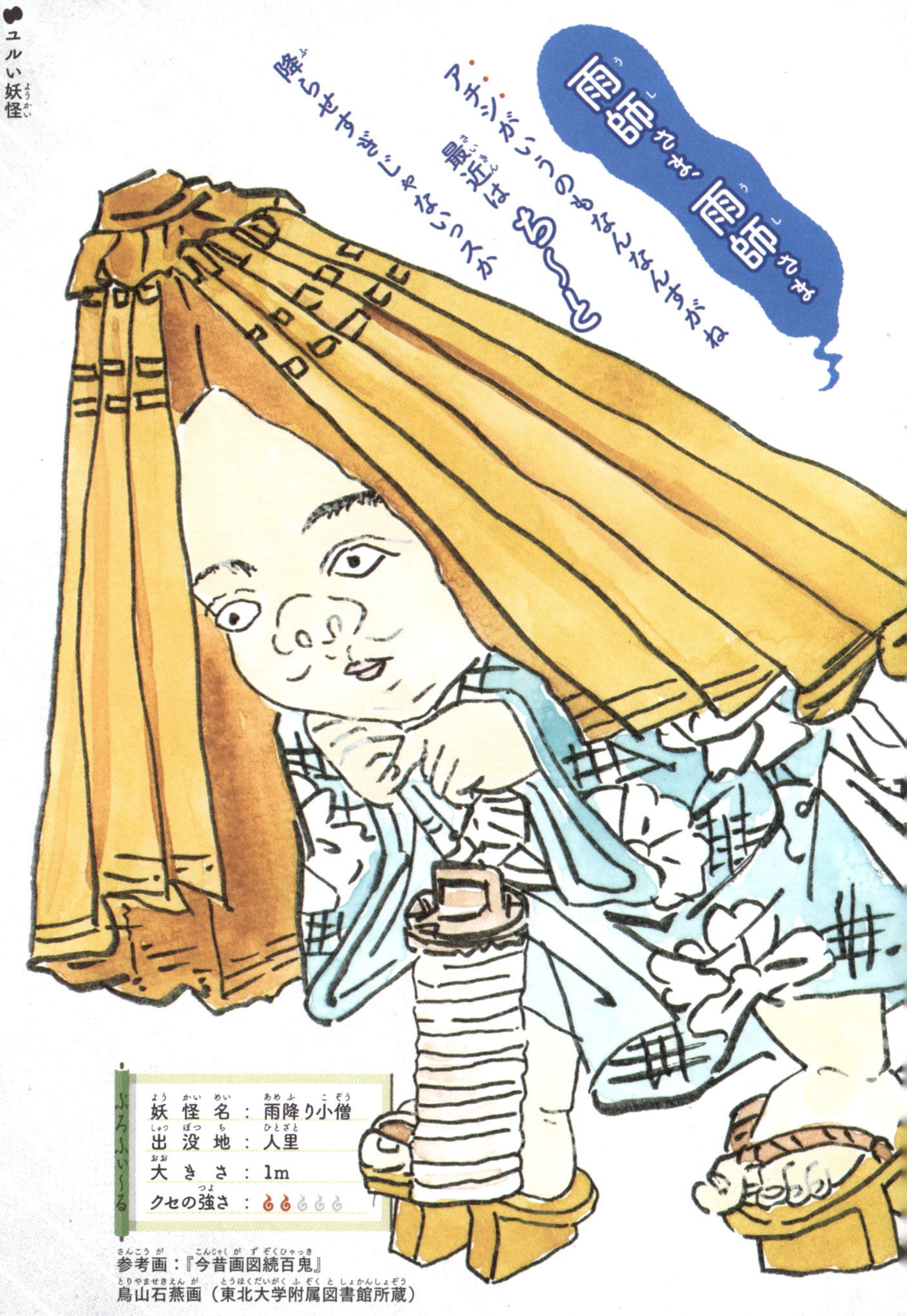

ぷろふぃ〜る

妖怪名：雨降り小僧
出没地：人里
大きさ：1m
クセの強さ：●●○○○

参考画：『今昔画図続百鬼』
鳥山石燕画（東北大学附属図書館所蔵）

あせって走りまくる瓜の化け物

瓜侍と西瓜侍

なにがあったのかわかりませんが、うかうかしていられないとばかりに、前のめりにどこかへ急いでいるのは「瓜侍」と「西瓜侍」（＊1）。俳句の達人・与謝蕪村（＊2）が、日本各地を旅していたときに見聞した妖怪伝承をもとに描いた『蕪村妖怪絵巻』に登場する妖怪です。

2体の化け物は腰に刀を差していますが、猛々しさや恐ろしさは感じられません。むしろコミカルで、脱力系のゆるキャラに映ります。

蕪村をはじめ、江戸中期の妖怪画

てぇへんだ！
てぇーへんだ！
てぇーへんだぁッ!!

＊1　正式な名前は「山城の真桑瓜の化け物」と「木津の西瓜の化け物」。山城と木津は地名で、現在の京都府内にあったと思われる。

参考画：『蕪村妖怪絵巻』与謝蕪村画（東北大学附属図書館所蔵）

は、ユニークで親しみが持てるものとして描かれたものが多く、江戸っ子にとって妖怪は恐れおののくものではなく、むしろ笑いの対象だったことがうかがわれます。

ちなみに、瓜といえば「瓜実顔」という言葉があります。今、もし「キミって瓜実顔だね」というと「誰が瓜みたいに大きな顔だっていうのよ！」と怒りだす人がいるかもしれませんが、もともと瓜実顔というのは面長で色白の美女のことをいい、昔の女性には最高の褒め言葉だったのです。

＊2 与謝蕪村：江戸時代中期の俳人、画家。一門の俳句を集めた『蕪村七部集』や、妖怪を描いた『蕪村妖怪絵巻』などがある。

なにが
てぇへんかって？
んなこたぁ知るかよ！
オレに聞くな！

ぷろふぃ〜る

妖怪名	山城の真桑瓜の化け物 木津の西瓜の化け物
出没地	人里、農地
大きさ	2体とも1mほど
クセの強さ	（5段階中2）

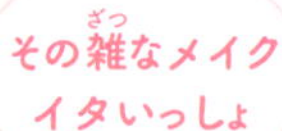

その雑なメイクイタいっしょ

厚化粧がイタいお婆ちゃん妖怪

白粉婆

だ～れがじゃ？
色白美人のアタシをつかまえて失礼じゃ！

参考画：『今昔百鬼拾遺』
鳥山石燕画
（川崎市市民ミュージアム所蔵）

「白粉婆」は、奈良県の十津川流域と石川県の能登地方に伝わる老婆の妖怪です。十津川流域では、鏡を引きずってジャラジャラと音を立てながら現れると伝えられています。一方、能登地方では、雪女と同種の妖怪といわれ、雪の降る夜に酒を求めて現れるとされています（＊）。

妖怪画集『今昔百鬼拾遺』には、腰の曲がった老婆が大きな破れ笠をかぶって右手で杖をつき、左手にはお酒を入れる徳利を持っている姿が描かれています。

同書によれば、白粉婆は「脂粉仙娘」という名前の白粉の神さまに仕えている侍女だと解説されています。

人間に害をおよぼすことはないようですが、顔一面に塗りたくっている白粉が厚ぼったい上に、ひどく雑な塗り方で、見ただけで恐怖を覚えるといわれています。

もしもどこかで、この白粉婆に会ったなら、流行のファンデーションや最新のメイク方法を教えてあげると、喜んでくれるかもしれません（んなわけないか）。

ぷろふぃ〜る

妖怪名	：	白粉婆
出没地	：	山中、人里
大きさ	：	1m30cm
クセの強さ	：	🔥🔥🔥（5段階中3）

＊　民俗学者の藤沢衛彦が書いた『図説日本民俗学全集』によるエピソード。

突然、頭上から落ちてくる

おとろし

「おとろし」は『百怪図巻』（＊）など多くの妖怪絵巻などに描かれている妖怪です。絵巻物によって「おどろおどろ」「おとろん」「毛一杯」などと名前に違いはありますが、姿形はどれも同じで、長い髪におおわれていて、鼻の前に前髪を一筋たらんとたらしています。

「おとろし」は近畿地方で使われる「恐ろしい」の方言であり、「おどろおどろ」は気味が悪いという意味の「おどろおどろしい」からついた名前なので、怖い妖怪だと想像できます。また、みだれた髪のことを「おどろ髪」というので、その意味も込められた名前とも考えられます。

別の妖怪画集では、鳥居の上に乗っている姿が描かれています。そのことから、不信心な者が鳥居をくぐろうとしたり、神社で不心得者やいたずらをする者を見つけると、突然上からドサッと落ちてくる妖怪だと考えられています。つまり、おと

ろしは神さまや神社を守る妖怪なのです。
男の子の場合、我慢ができなくて「立ちション」をした経験があるかもしれません。でも、誰も見ていないからといって境内でおしっこをしたりすると、おとろしにバチを与えられるかもしれません。

＊ 江戸時代の絵師・佐脇嵩之の手による妖怪絵巻

参考画：『百怪図巻』佐脇嵩之画（福岡市博物館所蔵）

ぷろふぃ〜る

妖怪名	：	おとろし
出没地	：	神社
大きさ	：	不明
クセの強さ	：	4/5

ボロ傘からのぞく一つ目がポイント

傘化け

参考画：
『百鬼夜行之図』狩野乗信画
（長野・真田宝物館所蔵）
『百鬼夜行図巻』狩野宴信（友甫）画
（広島県三次市
「湯本豪一コレクション」所蔵）

傘化け

「傘化け」は、破れて使い物にならなくなった古い傘が化けた妖怪で、「唐傘小僧」とか「唐傘お化け」「一本足」とも呼ばれるなじみの深いキャラクターです。よく知られているのは、一つ目で長い舌を伸ばし、にょっきりと伸びた二本の腕を振りながら一本足で飛び跳ねる姿です。

この姿は江戸時代以降のもので、草双紙（さし絵入り本）や歌舞伎にも見られ、明治から大正時代にかけてのお化けかるたの絵札や妖怪本、そして、昭和になると漫画やテレビアニメ、映画などにも登場しています。古いものは室町時代の絵巻物にも見られ、『百鬼夜行之図』（＊1）には、頭部が傘で体が緑色の人の形をした妖怪が、破れた傘を差している姿が描かれています。

国民的妖怪といってもいいほど有名なのに、どんな妖怪なのかを知る具体的な伝承はほとんど残されていません。確認されている伝承は、新潟県の笹神村（＊2）にカラカサバケモンという妖怪が出たということぐらいです。

ぷろふぃ〜る

妖怪名	傘化け
出没地	人里
大きさ	70cm〜1m50cmほど
クセの強さ	2/5

＊1　狩野派2代目・元信の次男である狩野乗信による妖怪絵巻

＊2　現在の阿賀野市

めったに現れない毛むくじゃら

毛羽毛現

一

見すると、ヨークシャーテリアやペキニーズのような小型犬にも見えるこの妖怪は、「毛羽毛現」という名前で妖怪画集に描かれています。

解説文では「希有希見」と表記されることもあり、これは「希にしか見ることがない」という意味だと説明されています。

また、「毛女」に似ていることから毛羽毛現と呼ばれるのだろうとも解説されています。毛女とは、体中に毛が生えているという中国の仙人で、秦（紀元前７７８年～紀元前２０６年）の国が滅びた後に山に逃れた宮女が、松の葉を食べ続けて１７０年のときを経て、空を飛べるほど身軽になったと伝えられています。

近年の妖怪図鑑などでは、床下や湿った場所にいて、誰もいないときに現れる妖怪で、これに住みつかれると病人が出るという解説がされているものもあります。

小型犬のような〝ユルかわ〟な見た目とは裏腹に、疫病などをもたらす悪い神さまの一種なのかもしれません。

参考画：『今昔百鬼拾遺』鳥山石燕画
（川崎市市民ミュージアム所蔵）

「コンセイサマ」は、漢字で「金勢様」や「金精様」と書き、おちんちんの姿形をした神さまです。子宝や五穀豊穣（豊作）などにご利益があるといわれる神さまで、コンセイサマ信仰は全国的に見られます。

中でも岩手県の遠野市では、その信仰を色濃く見ることができます。市内にある駒形神社のご神体（神さまが宿る物体）は、男性器の形をした石棒ですが、その由来は次のようなものです。

「この駒形神社は、俗に御駒様といって石神である。男の物の形を奉納する。その社の由来は昔ちょうど五月の田植時に、村の若い女たちが田植をしているところへ、一人の旅人が不思議な目鼻も無いのっぺりした子供に、赤い頭巾を被せたのを背中におぶって通りかかった。そうして今の御駒様のある処に来て休んだ。あるいはその地で死んだともいう。それがもとでここにこの社が建つことになったそうな。」（＊）

旅人が背中におぶっていたのは自分のおちんちんだったというわけです。

ぷろふぃ〜る
妖怪名：コンセイサマ
出没地：神社
大きさ：20cm〜1m50cmほど
クセの強さ：4/5

＊ 柳田國男著『遠野物語拾遺』より

おちんちんの姿をした神さま コンセイサマ

子宝はまだいいんで
おねしょをなおして
もらえませんか
よかろう
で、キミはいくつだ？
二十歳です……

参考資料：遠野市・山崎のコンセイサマ

日本では古くから、100年以上使った道具には精霊（魂）が宿り、人をだましたり惑わせたりするといわれていました。そのため、使っていた器や道具は、どんなに長くても99年で捨てることが多かったそうです。

捨てられた道具たちはというと、「あと1年で命を得られたものを」と腹を立てて節分の夜に妖怪となり、一揆（反乱）を起こすことがあったそうです。

室町時代の絵巻物などには、一揆を起こした道具たちが人間などに捕

食器が化けた妖物

しゃもじと土瓶の付喪神

しゃもじのダンナ
山盛りご飯なんか持って
どこ行くんすか？

ふぃ〜る

妖怪名	付喪神
出没地	人家、人里
大きさ	2体とも1m30cm
クセの強さ	🔥🔥 (2/5)

まえられて、最終的には仏さまの教えを信じ従うようになったという話が描かれています。

古い器や道具に精霊が宿って誕生する妖怪のことを「付喪神」といい、「九十九神」とも表記します。「九十九」には長い時間や経験、多種多様な万物（すべてのもの）という意味合いが込められています。

使い捨てが当たり前になった現代にあっては、どんなガラクタも100年たてば骨董としての価値が出て、お宝になります。物を大事にしていると、いいことがあるのです。

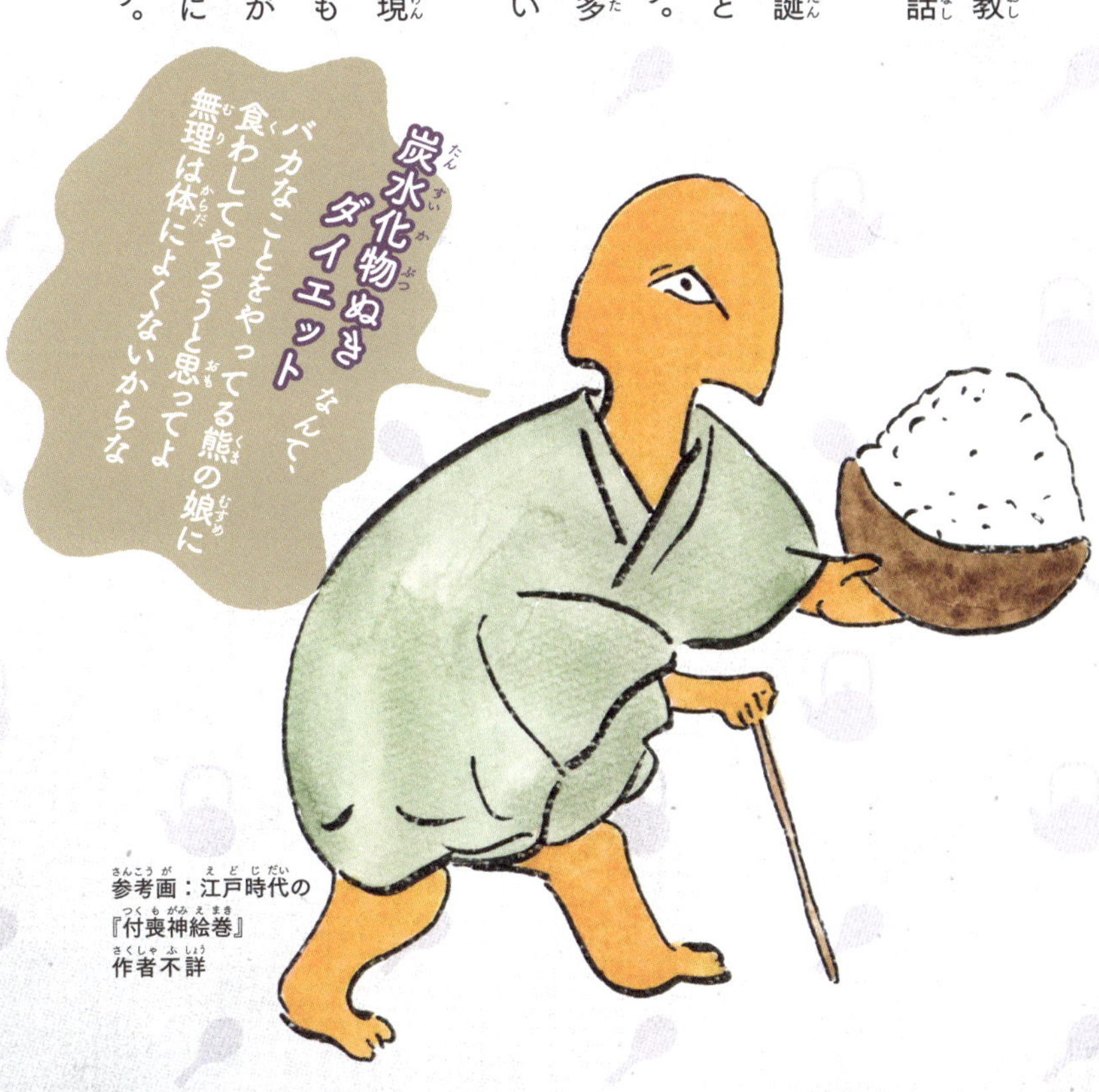

炭水化物ぬきダイエット
なんて、バカなことをやってる熊の娘に食わしてやろうと思ってよ
無理は体によくないからな

参考画：江戸時代の『付喪神絵巻』作者不詳

人面魚に人面犬、また、人間の皮膚に腫れ物ができる人面瘡など、「人面（人の顔）」が名前につく妖怪は何種類か知られています。この「人面樹」も、人の顔のような花を咲かせる樹木の妖怪で、妖怪画集『今昔百鬼拾遺』に描かれています（同書での表記は「にんめんじゅ」）。

人面樹は、かつて中央アジアにあった「大食国」という国にあるという木を描いたものとされています。解説文によれば、人面樹に咲く花は人の首のようで、直接語りかけてはきませんが、人間の言葉がわかるらしく、話しかけると笑顔を振りまいてくれるとあります。しかし、ひとしきり笑うとしぼんでしまい、花が落ちてしまうそうです。

笑った後に花が落ちる悲しい妖怪

人面樹

笑顔で和ませてくれますが、なんともはかない妖怪です。

一説によると、山茶花の精霊ではないかともいわれています。実際、山茶花は丸い実をつけますが、人面樹も「人面子」と呼ばれる実をつけるようです。

漫画家の水木しげるは著書『決定版 日本妖怪大全』の中で、食べると甘酸っぱい味がするというが、その種の両面は人の顔のようなので、好んで食べる者はいなかったのではないだろうかと解説しています。

妖怪名：人面樹
出没地：深山の谷間
大きさ：10cmほど（花の直径）
クセの強さ：🔥🔥🔥

参考画：『今昔百鬼拾遺』鳥山石燕画（川崎市市民ミュージアム所蔵）

小型犬のようなユルかわ妖怪

すねこすり

ボク、すねこすり
こう見えても自立した
大人なんだから
ニートのような
「すねかじり」と
一緒にしないでよね

参考資料：根付（江戸時代に煙草入れ、矢立て、印籠、小型の革製鞄などを紐で帯から吊るして持ち歩くときに用いた留め具）。

「すねこすり」は、岡山県に伝わる妖怪です。

日本初の妖怪辞典『現行全国妖怪辞典』（＊）によれば、岡山県小田郡に伝わる犬の姿をした妖怪で、雨の降る晩に現れて、通行人の足の間をこすって通ると紹介されています。こすられた人間は歩きにくくなってしまうだけで、それ以外の危害を受けることはないようです。

また、同県井原市には夜の闇にまぎれて歩行者の足をひっぱって転ばせる「すねっころがし」という妖怪の伝承があり、子供が転倒させられて鼻を痛めたという話が残されています。

なにが楽しいのかわかりませんが、歩くのを邪魔するだけで、それ以上の危害は加えない妖怪のようです。

すねこすりの画は残されていませんが、『ゲゲゲの鬼太郎』などで知られる漫画家の水木しげるは、体を丸めて耳を伏せた猫にも犬にも見えるような姿を描いています。これは、類似したデザインの犬の根付をモチーフにして創作されたものと思われます。

ぷろふぃ〜る

妖怪名：すねこすり
出没地：山中
大きさ：30cm〜50cm
クセの強さ：●●○○○

＊『現行全国妖怪辞典』：昭和10（1935）年に刊行された日本初の妖怪辞典。著者は博物学者・佐藤清明で、現在ではあまり知られていない妖怪も多数紹介されている。

食器で完全武装？した東の大将

瀬戸大将

「瀬戸大将」は100年以上使った陶磁器（粘土を練り固めて焼いた食器などの日用雑器）の付喪神で、さまざまな瀬戸物を寄せ集めた甲冑（よろいかぶと）を身に着けています。

瀬戸物というのは、愛知県の瀬戸市周辺で焼かれている陶磁器のことです。

妖怪画集『百器徒然袋』の解説文には、瀬戸物と唐津物（現在の佐賀県東部や長崎県北部で焼かれていた陶磁器）とが合戦をしたとあり、瀬戸大将は戦の指揮をとった瀬戸軍の大将とされています。

江戸時代に入り、瀬戸物にかわって唐津物が日常で使う食器の主流になりました。そのため、瀬戸大将は瀬戸物の復活をもくろんで戦いを挑んだようです。ちなみに、陶磁器は東日本では瀬戸物、西日本では唐津物と呼ばれます。

今の時代、もしも家庭の食器に精霊が宿って暴れまわるようなことがあったとしたら、お母さんたちの不満やストレスを解消する方法として、割りまくられたりするのではないでしょうか。

うつけは唐津のほうじゃ！
者どもぬかるでないぞ〜ッ！
いざ出陣じゃ〜〜〜〜ッ!!
ハイハイハイ
あいきゃんどぅーいっ！
うぃーきゃんどぅーいっ！
オ〜〜ナ〜〜ンバ〜〜〜ワンッ!!
妖怪名：瀬戸大将
出没地：人家
大きさ：1mほど
クセの強さ：

参考画：『百器徒然袋』鳥山石燕画
（川崎市市民ミュージアム所蔵）

風を切って走るけど、根は素直

扇子の妖怪

「扇子の妖怪」は、夜の闇に現れるさまざまな妖怪が練り歩く『百鬼夜行絵巻』や、これに類似した『付喪神絵巻』に描かれています。絵巻物によっては、おとなしく座っている女の扇子の姿もありますが、中には髪をたなびかせ、風を切って走っている動物系の扇子も描かれています。

付喪神の絵巻物には、粗末にされた器や道具が妖怪になり、列をなして京の町中を練り歩く様子が描かれています。

しかし、物語の結末は、彼ら付喪神たちが仏教の教えを信じることになるという話なので、根は素直で聞きわけのいい妖怪たちばかりだったと思われます。

ちなみに、扇子は使わないときは閉じて、使うときに開いてあおぎ、風を送ることで涼しくなる道具です。コンパクトで携帯が楽なことから、昔は愛用する人が多くいました。また、開いたときの扇の形が「末広がり（だんだん栄える）」に通じることから縁起のよいものとされ、おめでたい席での贈り物（引出物）としても用いられていました。

妖怪名	：	扇子の妖怪
出没地	：	人家、人里
大きさ	：	70cmほど
クセの強さ	：	

参考画：『百鬼夜行絵巻』
伝土佐光信画（京都・大徳寺真珠庵所蔵）

死者をあの世へ案内する

センポクカンポク

富山県の南砺市に伝わる大きなヒキガエルのような姿をした妖怪です。体はカエルで、顔だけが人間のようだともいわれています。

この妖怪は、死んだ人の霊魂の番（見張り）をし、その道案内をする役目を持つと考えられていて、死人が出ると、死者の上にかけるむしろ（敷物）のもとに現れるといわれています。

1週間たつと家の外に出て番をし始め、3週間ほどその家に居続け、死後4週間で死者の霊を導いて墓場へ行くといわれています。また、この地方ではヒキガエルのことを「カ

＊ 昔の子供の帰宅時間は夕方で、カエルが大合唱を始める時間と重なっていました。カエルの語源はいろいろな説がありますが、家へ「帰る」が有力で「カエルが鳴くから帰ろ」と歌うのもこのためです。

サゴット」や「テンテンゴット」の神と呼び、生命の危険にさらされているときにこの名を呼んで祈ると、この神さまの呪文によって助かる、という言い伝えもあります。

ちなみに、カエルが神仏の使いであるという俗信は全国的に見られ、「霊の乗り物」といわれている地方もあります。また「福返る」「無事帰る」「若返る」などといった語呂合わせから、カエルの置物や雑貨は、縁起物として人気があります。

では、問題です。
カエルの語源はなんでしょう？
家へ「帰る」(*)
ピンポ〜ン！正解！

ぷろふぃ〜る

妖怪名	センポクカンポク
出没地	人家
大きさ	30cmほど
クセの強さ	

参考画：『姫国山海録』南谷画
（東北大学附属図書館・狩野文庫所蔵）

通行人の袖を引く
スケベ？な妖怪

袖引き小僧

参考画：浮世絵
『日本の妖怪大図鑑』
広瀬克也画

埼玉県の比企郡に伝承が残る妖怪で、夕暮れどきなどに、姿を見せずに道行く人の袖を引くといわれています。振り向いても誰もいないので、気を取り直して歩きだすと、また、クイッと引かれる――。この「袖引き小僧」が、なぜ袖を引くのかはわかっていませんが、ほかにこれといった悪さはしないので、いたずら好きの罪のない妖怪のようです。

これに似た妖怪に、茨城県つくば市に現れた「袖引きムジナ（アナグマ）」がいます。当地では「安産夜明け祭り」が行なわれ、この祭りに行く途中で女性がよく袖を引かれたといいます。これは老いたオスのムジナが妖怪になり、妊婦の発する匂いに興奮して袖を引くのだと言い伝えられるもので、スケベな妖怪のようです。

また、西日本を中心に、袖取り神や袖モジキさまなどと呼ばれる、袖を引く民俗神が伝わっています。この神さまがいる前で転倒するのは縁起が悪く、もし転んだら、片袖をちぎってお供えしないと災難にあうといわれています。

ぷろふぃ〜る

妖怪名：袖引き小僧
出没地：人里
大きさ：80cmほど
クセの強さ：

目撃すればささやかな幸せが訪れる

小さいおじさん

「小さいおじさん」は、近年になって目撃談が数多く聞かれるようになった妖怪です。都市伝説（噂話）の一つで、目撃すれば幸せが訪れるともいわれています。

これまでに知られている目撃情報によれば、身長8センチから20センチほどの中年男性風の小人で、「窓に貼りついていた」「道ばたで空き缶を運んでいた」「某神社が住み家」（＊）などといった話が寄せられています。

なにかの見間違いや根も葉もない噂として否定することは簡単ですが、小人の目撃例は、古くは江戸時代の

絵巻や文献にも残っています。また、コロポックル（アイヌの伝承に登場する小人）などの伝説も伝わっていることから、一概に否定することはできないという意見も聞かれます。

『蕪村妖怪絵巻』には、「赤子の怪」と題した話が描かれています。それによると、あるお坊さんが小笠原という座敷に泊まったところ、夜中に隣の部屋が騒がしくなり、覗いてみると、数千人（！）もの裸の赤ん坊が踊っていたとあります。そして、夜が明けると、その姿は消えていたそうです。

ンなとこでダンシングすなッ！
うっさくて寝られんじゃろが！

＊　目撃情報が増える中、某テレビ番組が東京都の杉並区にある神社が小さいおじさんの住み家だという噂話を紹介したところ、参拝者が急増し、今でも当社を訪れる人が後を絶たないといいます。

ぷろふぃ〜る

妖怪名	小さいおじさん
出没地	人家、人里
大きさ	8～20㎝
クセの強さ	🔥🔥○○○

参考画：『蕪村妖怪絵巻』与謝蕪村画（東北大学附属図書館所蔵）

見た目そのままの“癒し系”

豆腐小僧

お盆にのせた豆腐を手に持つ子供の姿をしたこの妖怪は、「豆腐小僧」という見た目そのままの名前です。

〝小僧系〟の妖怪の中でも1、2を争う人気キャラクターで、江戸時代の黄表紙（大人向けの漫画本）や怪談本をはじめ、幕末から明治時代にかけては、凧の絵柄やすごろく、かるたなどのオモチャのキャラクターとしても親しまれました。

「一つ目小僧」（114ページ）が豆腐を好むという俗信から、一つ目の豆腐小僧が描かれている画もありますが、大きな頭に竹の笠をかぶり、紅葉豆腐（紅葉の型を押した豆腐）をのせた丸盆を持った姿が一般的です。

着物の柄は、ダルマや赤魚などが多く、これは疱瘡神（疫病神）が犬や赤色を苦手とするという伝承があり、子供が病気にかからないようにというお守りとしての意味合いがあります。

豆腐小僧には特別な能力はなにもありません。ふらりと豆腐を持って現れるだけで、なにが目的なのかはっきりしない、残念な妖怪です。

毎度おおきに
一丁、百万両(*)すッ！

高ッ！
ぼったくりか!!

＊ 金1両は現代で約7万5000円

ぷろふぃ〜る

妖怪名	豆腐小僧
出没地	人里
大きさ	1m
クセの強さ	2/5

参考画：『天怪着到牒』
北尾政美画（国立国会図書館所蔵）
この黄表紙では「大頭小僧」として描かれていて、「豆腐小僧」とは別の妖怪とする説もあります。

「一本足」は
神さまのシンボル

鍋の妖怪

ところで人気の鍋料理
ランキングの1位は、
♂はすき焼き
♀は寄せ鍋
なんだって

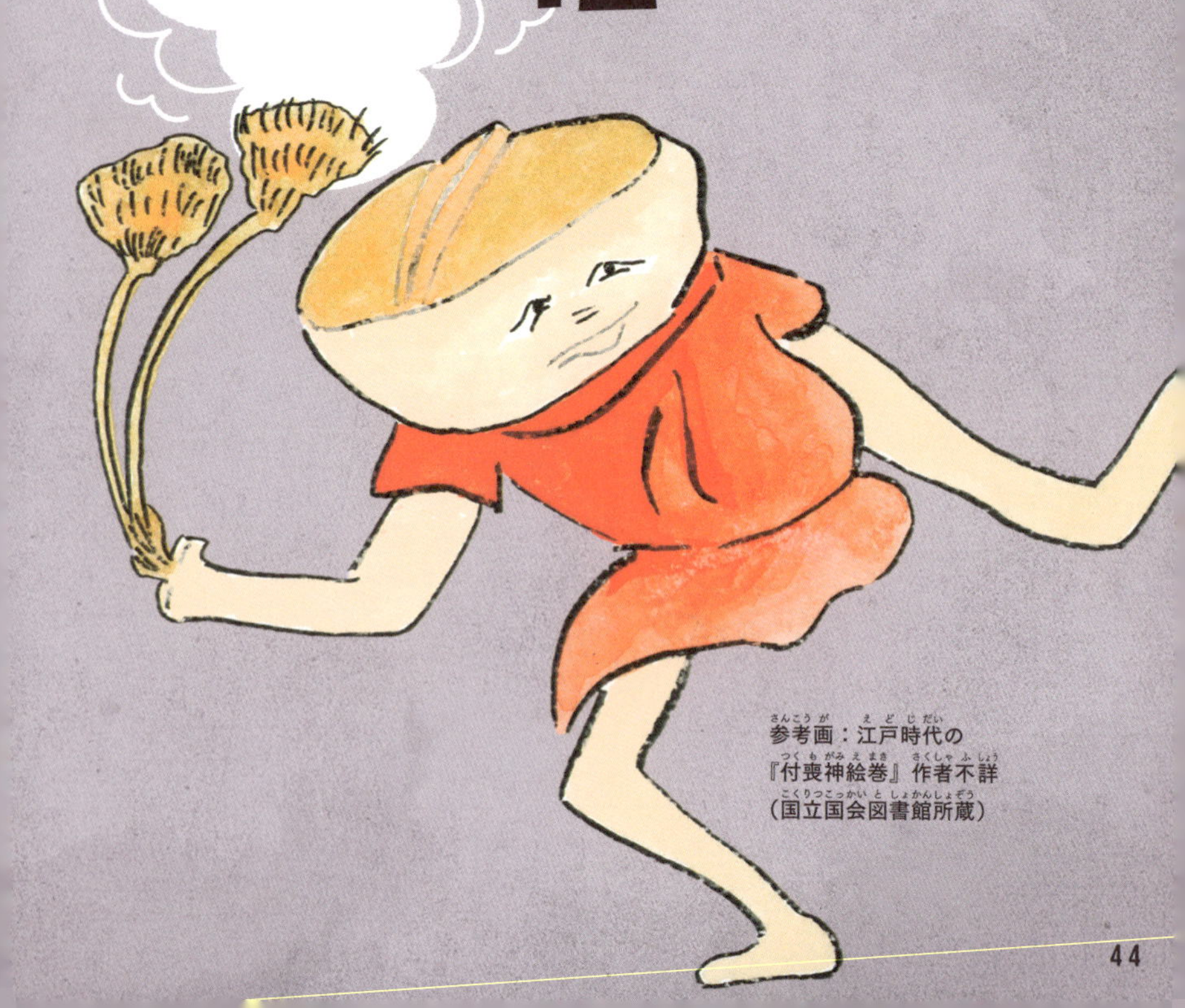

参考画：江戸時代の
『付喪神絵巻』作者不詳
（国立国会図書館所蔵）

煮物や茹で物、揚げ物などの調理に使われる鍋には、片手鍋や両手鍋、吊り手つきやフタつき・フタなし、材質も鉄や粘土など、いろいろな種類がありま す。ここに紹介した「鍋の妖怪」は、取っ手も注ぎ口もない陶器の「やっとこ鍋」が付喪神になったものです。ちなみに、「やっとこ」というのは鍋の縁を持ちやすく加工した専用の「鍋ばさみ」のことで、取っ手がない鍋はこれで扱うので、やっとこ鍋と呼ばれています。

絵巻に描かれている鍋の付喪神はどれも一本足です。一本足や一つ目というのは、神さまの尊さのシンボルともいわれています。たとえば、高知県や愛媛県では、悪霊が侵入するのを防いでくれる道祖神を一本足の神さまとして信仰し、草履の片方だけを奉納している地域があります。

また、昔は田んぼに立てる案山子は、一つ目で一本足でした。これは、案山子は山の神さまが春になって里に下りてきて、稲の育ちを見守る田の神さまとなった姿をかたどっていたからです。

ぷろふぃ〜る

妖怪名：鍋の妖怪
出没地：人家、人里
大きさ：1m30cm
クセの強さ：●●○○○

目玉がビロ～ン

塗り仏

全身真っ黒けで仏壇から飛びだす

参考画：『百怪図巻』
佐脇嵩之画
（福岡市博物館所蔵）

「塗り仏」は、多くの絵巻物に描かれている妖怪ですが、いずれの絵巻物も名前が書かれているだけで、どのような妖怪であるかは解説されていません。真っ黒い坊主のような妖怪で、両目玉が飛び出して垂れ下がった姿で描かれている点は共通していますが、絵巻物によって、背中のあたりに長い毛、もしくは魚の尾びれのようなものがついているという違いがあります。

『画図百鬼夜行』には、塗り仏が仏壇から出てきている様子が描かれています。この画から推察されたものだと思われますが、近年の妖怪関連の文献では、「突然、仏壇から現れ、目を飛び出させて人を脅かす」「仏壇から飛び出し、なまけ者の僧に襲いかかる」「仏壇の付喪神」などといった解説がされています。

黒い体をしているのは、たいていの仏壇が黒漆を塗っていることと関係していると思われます。不信心な者がご先祖さまや仏壇を粗末に扱ったりすると、それを戒めるために出てくる妖怪なのかもしれません。

ぷろふぃ〜る

妖怪名	：	塗り仏
出没地	：	人家
大きさ	：	1m40cmほど
クセの強さ	：	🔥🔥🔥

風もないのにブ～ラブラ

ぶらぶら

「ぶらぶら」は、江戸時代の妖怪画集『百器徒然袋』に紹介されている妖怪で、竹に結びつけられた提灯が、道に向かっておおいかぶさるように傾いている様子が描かれています（漢字で書くと「不落不落」）。

　提灯の生地は和紙のようで、裂け目を口のように開いて、ロウソクの火がまるで長い舌のように飛び出しています。

　一見、提灯が化けた付喪神のようですが、妖怪画集の解説文には、山の田んぼを守っている提灯の明かりのように見えるけれども、実は、その正体は野に隠れすんでいるキツネが起こす「狐火」だろうと書かれています（＊）。

　狐火は、沖縄を除く全国各地で言い伝えられる怪火（原因不明の火）で、キツネの吐く息が光るとか、尾を打ち合わせて火を起こすなど、さまざまな話が伝わっています。

　また、夜の山中などで、無数の怪火が提灯行列のように現れるのは「キツネの嫁入り」などと呼ばれ、徳島県では死人が出る前兆だといわれています。

オイラはぶらぶら

タヌキの金玉じゃないけど
風もないのにブ~ラブラ

＊「山田もる提灯の火とは見ゆれども まことは蘭ぎくにかくれすむ狐火なるべしとゆめのうちにおもひぬ」『百器徒然袋』より。

参考画：『百器徒然袋』鳥山石燕画
（川崎市市民ミュージアム所蔵）

ぷろふぃ~る

妖怪名：ぶらぶら
出没地：山中、畦道
大きさ：45cm（提灯部分）
クセの強さ：

ゆらめく火をまとった鳥のような妖怪

ぶらり火

夜空に現れ、浮遊する妖怪。人魂のようにゆれながらふらふらとさまよう様子から、「ふらり火」とも呼ばれます。別名「天火」。『画図百鬼夜行』や『百怪図巻』『化物尽絵巻』などに、火をまとった鳥に似た姿で描かれています。

　このことから、炎に関係した妖怪であることは明らかで、『画図百鬼夜行』に描かれているものは、仏教の守護神・迦楼羅天を思わせます。迦楼羅天とは、インド神話に登場する炎のように光り輝いて熱を発する神鳥・ガルダが前身で、口から金の火を吹くといわれています。

　一方、『化物尽絵巻』に描かれたものは、ずいぶんとユルく、とぼけた表情をしていて、いかにもふらふらしている情けない妖怪に見えます。いい妖怪だという言い伝えもあり、人々を苦しめる悪代官の屋敷を焼き払ったという話もあります。

　似たような怪火に、大阪や京都に現れた鶏のような鳥の形をした「姥ヶ火」がありますが、これは神社の灯油を盗んだ老女が、その祟りで妖怪になったものと伝わっています。

情けない顔ですって？
こう見えてもワタシ
弱きを助け強きをくじく
正義の味方ですのよ

ぷろふぃ〜る

妖怪名：	ぶらり火
出没地：	夜空
大きさ：	不明
クセの強さ：	

参考画：『化物尽絵巻』北斎季親画（国際日本文化研究センター所蔵）

寝ていると現れるいたずら好き？

枕返し

オレさまがいうのもなんだけどよ〜
ぐっすり眠りたいんなら自分に合った枕を選ぶこったな
Z
Z
z…

参考画：『決定版　日本妖怪大全』水木しげる画

「枕返」しは、ほぼ全国的に知られている妖怪で、一人で寝ていると枕をひっくり返したり、頭と足の向きを変えるなどのいたずらをするといわれています。

その姿形は、子供やお坊さん、美女などともいわれますが、確かな外見は不明で、『画図百鬼夜行』には小さな仁王のような姿で描かれています。

ちなみに、枕をひっくり返す子供の妖怪を「枕小僧」と呼ぶ地方もあり、香川県では、この妖怪が枕元に立つと、体の自由がきかなくなると伝わっています。また、石川県や和歌山県には枕返しが人間の命を奪うというユルくない話もあります。

昔は、人が夢を見ている間は、魂が肉体から抜け出ていると信じられていました。そのため、寝ている途中で枕を返すと魂が肉体に帰れなくなるという信仰があり、枕返しをされてしまうことがとても恐れられていました。現代では、ただのいたずらとしか思えない枕返しですが、かつては死につながる恐ろしいことだと信じられていたのです。

ぷろふぃ〜る

妖怪名：枕返し
出没地：寺院、旅籠屋、人家
大きさ：90cm
クセの強さ：

見かけによらず気のいい巨人

山男

「山男」は日本各地の山中に伝わる大男の妖怪で、「山人」や「大人」などと呼ぶ地域もあります。とくに静岡県と高知県では伝承が多く、近世の目撃記録も残されています。

見た目は、腰に木の葉をまとっているだけの毛深い半裸の大男とされ、牛のような声を出すだけでしゃべれないものの、人間の言葉は理解できたと伝わっています。人を襲ったり、出会った人が病気になるといった言い伝えもありますが、基本的には友好的で、酒や煙草、食べ物などを与えると、荷物を運んだり山仕事を手伝ったりしてくれたといいます。

江戸時代の奇談集『絵本百物語 桃山人夜話』には、静岡県浜松市の話として、病人が出たために医者を呼びに行こうとした木こりが、あやまって谷に落ちてしまい、ケガをして動けなくなったところに、身長が2丈(約6メートル)の山男が現れて、背負って運んでくれたという話が記されています。

お礼にお金を渡そうとしても山男は受け取らず、お酒を与えると喜んでおいしそうに飲んだそうです。

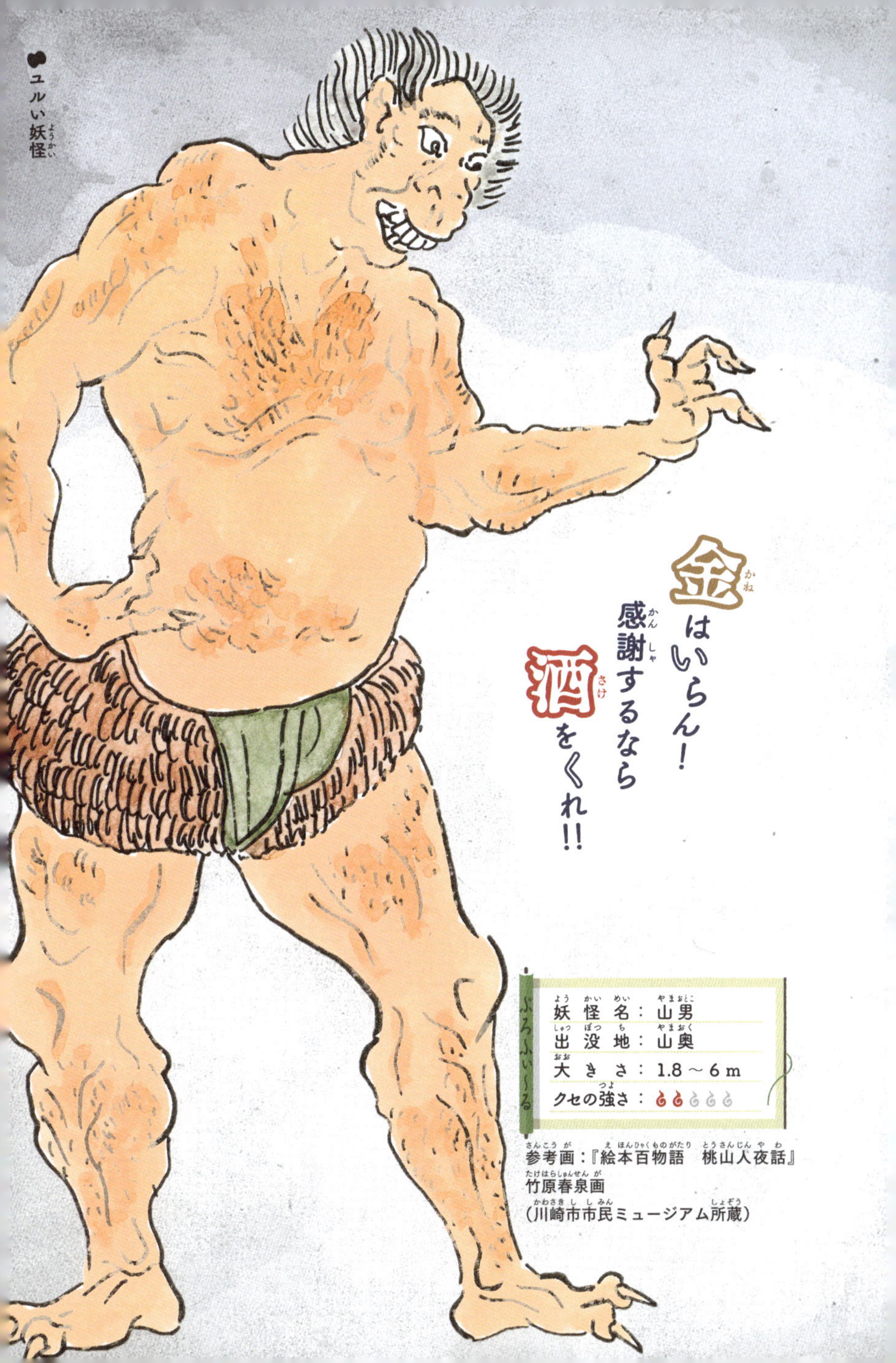

参考画：『絵本百物語　桃山人夜話』
竹原春泉画
（川崎市市民ミュージアム所蔵）

山や谷の斜面に向かって大きな声で叫ぶと、それが反響して、遅れて返ってきますね？　これを「やまびこ（幽谷響）」とか「こだま（木霊）」といいます。この現象は、山に住む妖怪や木の精霊が、人の声をマネしているのだと言い伝えられています。

鳥取県では、山中に住む「呼子（または呼子鳥）」と呼ばれる妖怪の仕業だとされ、高知県では、山奥で大きな音や恐ろしい声が聞こえる怪異現象を「ヤマヒコ」と呼んでいます。また長野県では、人の言葉を返す「山彦岩」という岩があります。

姿が見えないとされることが多い妖怪ですが、江戸時代の妖怪画集『画図百鬼夜行』には「幽谷響」の名前で、サルとも子犬とも見える妖怪が両手を広げ、どこか人を小馬鹿にしたような表情で描かれています。

これは、木の霊がやまびこを起こすと考えられたことから、樹齢1000年の木に住みつくとされる中国の妖怪「彭侯」と同一視され、この妖怪がモデルになったものと考えられています。

声マネ上手の子犬のような妖怪

幽谷響

ぷろふぃ〜る

妖怪名：幽谷響
出没地：山奥
大きさ：60cmほど
クセの強さ：

参考画：『百怪図巻』佐脇嵩之画（福岡市博物館所蔵）

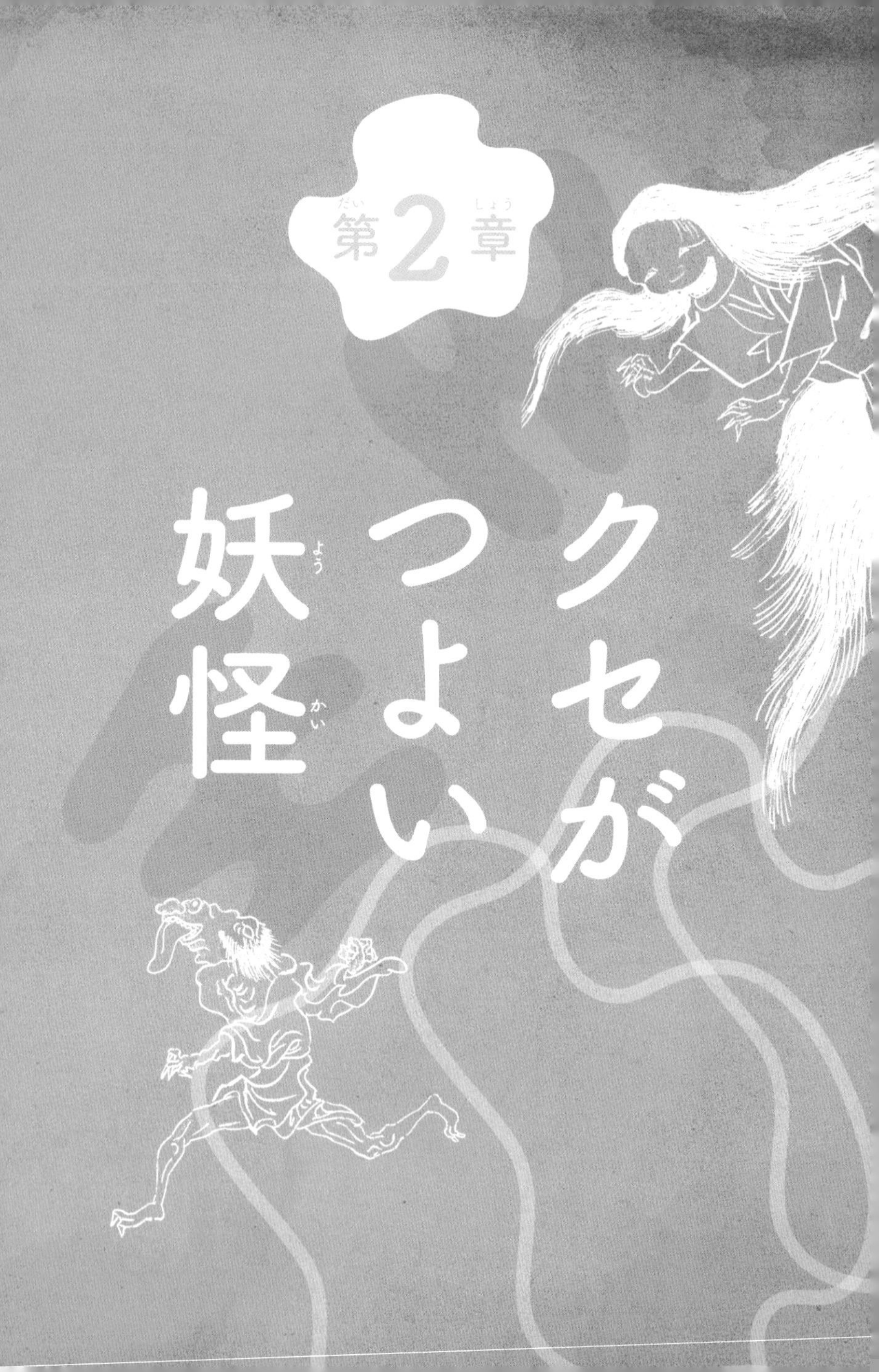

第2章 クセがつよい妖怪

大声を上げるだけ、
川辺でボソボソと話すだけ、
意味もなく町中を走り回るだけ、
覗き見するだけ……
妖怪にもクセがつよくて、
ツッコミどころ満載の連中がいます。

暗雲とともに現れる
正義の妖怪？

赤舌

すったこと
せばまいねや
君だぢの悪事は
水に流すてける
仲ようさねがっ

訳
（そんなことしちゃダメだぞ
きみたちの悪事は水に流して
［なかったことにして］
あげるから仲よくしろよっ）

参考画：『化物尽絵巻』北斎季親画（国際日本文化研究センター所蔵）

「赤舌」は、水門の上に立ち込めた黒雲におおわれ、真っ赤な口を開いた獣のような姿で『画図百鬼夜行』に描かれている妖怪です。怪談集『東北怪談の旅』（＊1）には、赤舌が青森県津軽の農村に現れて、田の水争いを解決したという話が紹介されています。この本によれば、ひどい日照りの年に、川上の村人が水を独占するために水門を閉めてしまい、田んぼに水が引けなくなった川下の若者が開けに行ったところ、殺されてしまった。それ以来、水門を閉めても、いつの間にか開いてしまうようになった。これは、村人たちがいがみ合う様子を見かねた赤舌の仕業だというのです。

一方、ほかの妖怪絵巻には「赤口」という名前で紹介されています。こちらは、六曜（＊2）の赤口に由来し、災いをもたらす妖怪であり、その口が開いているかぎりはいいことが起こらないともいわれています。赤口の日は、「赤舌神」という神さまの部下である鬼が人々を悩ませるので、やることなすことが凶の日だとされています。ただし、法事と正午だけはよいとされます。

＊1　伝奇小説家・山田野理夫がフィールドワークで収集した怪談をまとめたというスタイルをとっている。1974年刊。

＊2　六曜とは、暦に記載される日時・方位などの吉凶、その日の運勢などを記した暦注の一つで、先勝・友引・先負・仏滅・大安・赤口の６種の曜がある。

ぷろふぃ～る

妖怪名：赤舌
出没地：空中
大きさ：不明
クセの強さ：🌀🌀🌀（5段階中3）

紅に染まったヴィジュアル系

赤シャグマ

四国に伝わる真っ赤な髪の毛をした妖怪。座敷童子（＊1）と同じように、これが住み着いた家は栄え、いなくなると落ちぶれるといわれています。

愛媛県西条市などでは、住人が寝静まった夜中に座敷で騒ぎ始め、台所にある食べ物を食べてしまうという話が伝わり、徳島県や香川県では、夜になると仏壇の下から現れて、眠っている住人の足の裏をくすぐると伝えられています。また、香川県では、山中で大声を張り上げながら空を飛ぶという話もあります。

高知県いの町勝賀瀬では「赤頭」と呼ばれ、『土佐化物絵本』（＊2）に真っ赤なアンパンマンのような顔をした姿が描かれています。

また、『百鬼夜行絵巻』にも「赤がしら」という名前の妖怪が描かれています。こちらは外見がガラリと変わって、前髪の一部がクルクルとカールしたヘアスタイルで、キレッキレのダンスを踊っているようなポーズをキメています。

そうだとすると、意外と見た目を売りにするヴィジュアル系の妖怪なのかもしれません。

＊1　座敷童子
主に岩手県に伝えられる精霊的な存在。座敷または蔵に住むといわれ、見た者には幸運が訪れ、家に富をもたらすなどの伝承がある。

＊2『土佐化物絵本』
江戸時代末期から明治時代初期にかけての作と見られる妖怪絵巻。勝賀瀬に現れた赤頭は、赤い髪が太陽のように輝き眩しくてふた目と見られないほどだったという。

オイラの髪は紅だ〜ッ!!

イェ〜ッ! みんな〜ノッテるか〜!

この画は「赤がしら」。

ぷろふぃ〜る

妖怪名：赤シャグマ（赤がしら）
出没地：人家、山中
大きさ：1m30cm
クセの強さ：🔥🔥🔥

参考画：『百鬼夜行絵巻』
尾田淑太郎（郷澄）画（松井文庫所蔵）

日本人が忙しいのはこいつのせい？

いそがし

「いそがし」は、室町時代に描かれたもっとも古い妖怪絵巻『百鬼夜行絵巻』に登場し、江戸時代の多くの絵巻物にも描かれていますが、どういう妖怪なのかはわかっていません。描かれている姿形はどの絵巻物も同じで、犬のような顔をした妖怪が舌を出し、肩脱ぎ姿で、どこかへ向かって忙しそうな様子で走っています。わけもなく町中を走り回っているだけの妖怪かもしれません。

漫画家の水木しげるによれば、これは人に取りつく妖怪で、これに取

急いでどこへ
行くのかって？
ンなことわしが知るか！
とにかく忙しいんだッ
ほっといてくれ!!

りつかれると落ち着きがなくなって、じっとしているとなにか悪いことをしている気分になるようです。「現代はあまりにもこれに取り憑かれた者が多くて、これを憑き物といってよいのか判断が難しいほどである」とも記しています（『決定版日本妖怪大全』）。

以前から日本人は働きすぎといわれていて、最近は働く時間を短くしたり、きちんと休みを取ったりするような「働き方改革」が進んでいます。近い将来、「いそがし」が姿を消す日がくるかもしれません。

ぷろふぃーる

妖怪名：いそがし
出没地：人里
大きさ：1m50cm
クセの強さ：3/5

参考画：『百鬼夜行絵巻』
尾田淑太郎（郷澄）画（松井文庫所蔵）

少年の前に30日間現れ続けた

稲生物怪録の妖怪

参考画：『稲生物怪録絵巻』（堀田家本）作者不詳
個人蔵（三次市教育委員会寄託）

『稲生物怪録』は、江戸時代の中ごろに、稲生平太郎という16歳の少年が体験した、妖怪にまつわる怪異を記した物語です。平太郎は、現在の広島県三次市に住んでいた武士の息子で、実在の人物です。

百の怪談を語ると本物の妖怪が出るという言い伝えどおり、夜中に墓の前で平太郎が隣に住む三ッ井権八と「百物語」をしたところ、その1か月後に突然、稲生家に化け物が現れるようになりました。平太郎は、その後30日間にわたって毎晩現れる化け物や怪異に耐えぬき、ついに化け物たちは帰っていったというストーリーです。現在、本人の体験談をほかの人が聞き書きした本(＊1)や、平太郎が書いたと伝わる『三次実録物語』が残されています。

『稲生物怪録絵巻』（堀田家本）には、女の逆さ首や、首の先が手になって平太郎をなでまわす女の生首などが描かれています。この絵巻は三次市教育委員会が保管していて、平成31（2019）年春開館の「湯本豪一記念日本妖怪博物館（三次もののけミュージアム）」に展示されることになっています（＊2）。

ぷろふぃ～る

妖怪名：逆さ首、生首
出没地：稲生邸
大きさ：30cm、60cm
クセの強さ：🔥🔥🔥

＊1　柏正甫が平太郎の話をまとめた。それ以外にも、江戸時代後期の国学者・平田篤胤がまとめたものがある。

＊2　展示内容により、資料を展示していない場合もある。

通りがかった人を大声で驚かす

うわん

人々が寝静まった夜中に、廃屋や古屋敷、荒れはてたお寺の近くなどを歩いていると、どこから か「うわん!」という大声がして、人を驚かす——。これは多くの妖怪画に描かれている「うわん」という妖怪の仕業だといわれています。

その姿はどの妖怪画もほとんど同じで、歯をむき出しにした半裸の妖怪が三本指の両手を振り上げ、今にも襲いかかってくるようです。『百怪図巻』では、お歯黒をつけたような真っ黒な歯をしています。お歯黒は、中世には公家や武家の男子もしていたことから、そのような家柄の者が妖怪になったのではないかという説もあります。

『画図百鬼夜行』では、廃屋の塀の裏から飛び出している姿で描かれていることから、廃屋に住みつく妖怪という説もあります。また、三本指は鬼の特徴を表現しているともされ、一説には鬼の仲間ともいわれています。

人に危害を加えることはなく大声を発して通行人を驚かせて喜んでいる、いたずら好きの、はた迷惑な妖怪のようです。

ぷろふぃ〜る

妖怪名：うわん
出没地：廃屋、古屋敷
大きさ：不明
クセの強さ：

参考画：『化物尽絵巻』北斎季親画
（国際日本文化研究センター所蔵）

でっかい顔がぬっと現れる

大首

「大首」は、雨上がりの夜空などに突然、現れる巨大な妖怪で、江戸時代の怪談や随筆などに多数の事例が記されています。

古くは平安時代にも「面女」と呼ばれる巨大な女の首の妖怪が出現したようで、時の権力者・平清盛が福原（神戸市兵庫区）に都を移したときには、2メートルほどの大首が屋敷の塀の上に現れて、笑いかけたと伝えられています。

『稲生物怪録』を描いた絵巻『稲亭物怪録』にも、物置の戸を開くと巨大な老婆の顔が出現したという怪異が「大首の怪」の題で述べられています。同物語の主人公である稲生平太郎がその顔を火箸で突くと、ねばねばとした感触がしたと書かれています。

大首のほとんどはお歯黒をつけている女性ですが、江戸時代の中ごろに出版された黄表紙の『夭怪着到牒』には、屋敷に現れた侍の大首が描かれています。ある屋敷で番をしていた侍たちが夜中に居眠りをしたところ、襖が開いて大首が現れて「ご苦労」といって、彼らを驚かせたといいます。

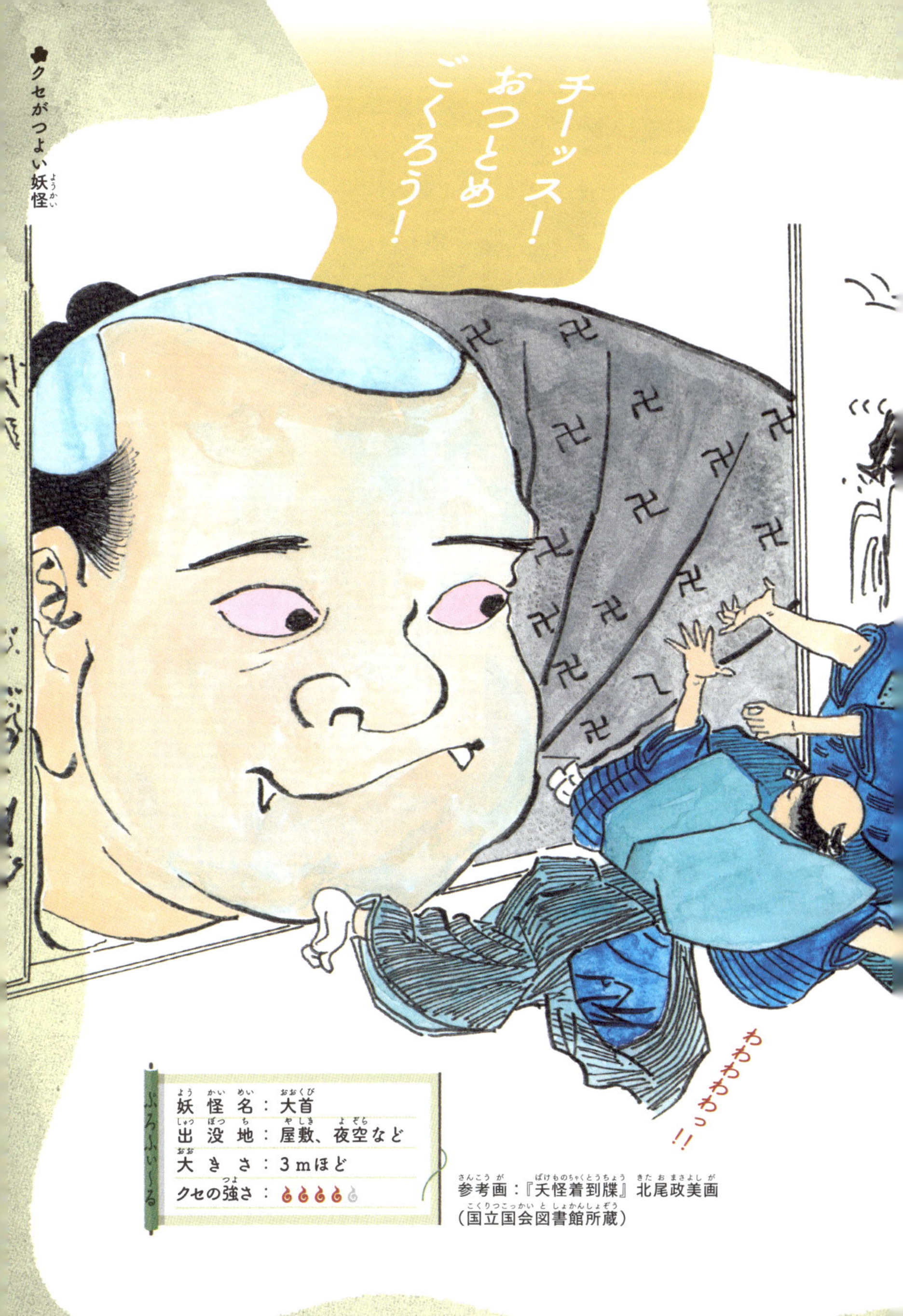

ぷろふぃ〜る

妖怪名：大首
出没地：屋敷、夜空など
大きさ：3mほど
クセの強さ：

参考画：『天怪着到牒』北尾政美画
（国立国会図書館所蔵）

「お歯黒べったり」は、目も鼻もないのっぺらぼうの顔に、お歯黒をつけた大きな口だけがある女の姿をした妖怪です。

『絵本百物語　桃山人夜話』には、「ある人が古い神社の前を通ったとき、美しい着物を着た女が顔を伏せて拝んでいたので、遊び半分で声をかけた。振り向いた女の顔を見ると目も鼻もなく、お歯黒をつけた大きな口でげらげらと笑った」といった内容が記されています。どうやら、お歯黒べったりは、のっぺらぼうのように自分の顔を見せて人間を驚かせる妖怪のようです。

角隠しと美しい着物姿で描かれていることから、近年の妖怪本などには「結婚前に死んだ女性の亡霊」と解説しているものもあります。

角隠しというのは、結婚式で和装の花嫁が高いまげに結った髪をおおう白いかぶり物ですが、それとは別に、上級武家の女性や浄土真宗信者の女性などが寺社へお参りするときにも着用していました。そのため、お歯黒べったりが着けているのが花嫁衣装としての「角隠し」かどうかは断定できません。

ぷろふぃーる
妖怪名：お歯黒べったり
出没地：人里、神社の前
大きさ：1m 40cm
クセの強さ：🔥🔥🔥

振り返ると、顔にあるのは口だけ！
お歯黒べったり

ねえ、彼女お茶しない？
げらげらげらげら
げらげらげらげら

参考画：『絵本百物語　桃山人夜話』竹原春泉画
（川崎市市民ミュージアム所蔵）

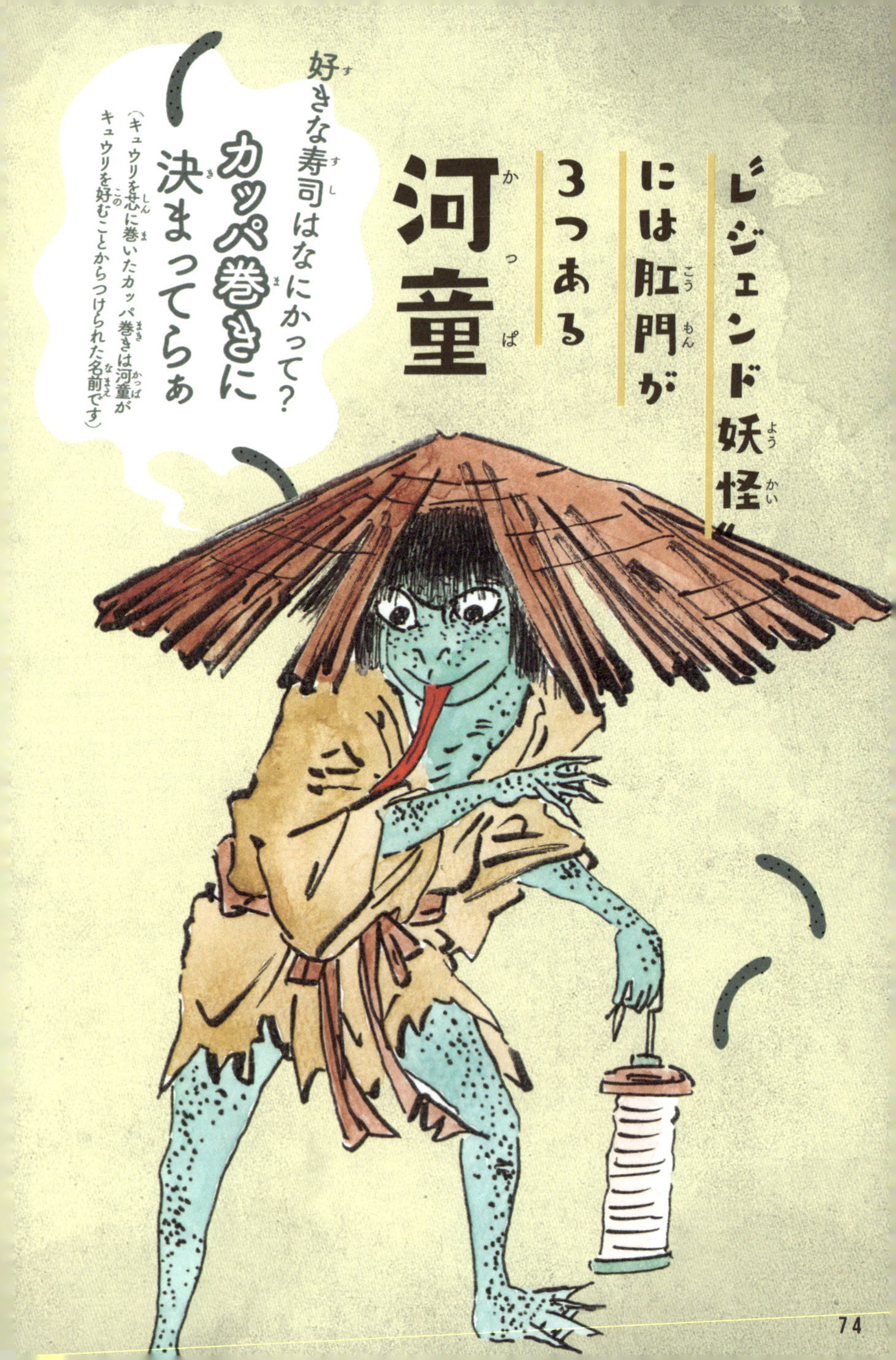
〝レジェンド妖怪〟には肛門が3つある
河童
好きな寿司はなにかって？
カッパ巻きに
決まってらぁ
（キュウリを芯に巻いたカッパ巻きは河童がキュウリを好むことからつけられた名前です）

「河童」は、鬼や天狗と並び、日本人なら誰もが知っている有名な妖怪。全国各地で伝承され、「スイコ」や「カワワラワ」「カワタロウ」など地方によってさまざまな呼び名があり、姿形にも違いがあります。

外見は甲羅があるカメに似たものと、全身が毛におおわれたサルに似たものの2種類に大きく分けられます。

多くの日本人が河童と聞いて思い浮かべるのはカメ形態のほうで、くちばしがついた顔に緑の体色、頭には皿、背中には甲羅、手足には水かきがあるなどの特徴があります。河童に共通していわれることは、相撲やキュウリを好む、人間の尻子玉（＊）を抜く、皿の水がなくなると力がなくなる（あるいは死ぬ）といったことなどです。

意外と知られていないのは、肛門が3つあるということ。このおかげで、クラスターロケットのように、屁で空を飛べるともいわれています。その一方で、河童はいつも水の中にいて、屁をしても水中では勢いがないという話もあります。取るに足りないことを「屁の河童」というのは、このことに由来しています。

＊ 肛門近くにあると信じられた想像上の内臓。

参考画：浮世絵　喜多川歌麿画
（ベルギー王立美術歴史博物館所蔵）

ぷろふぃーる

妖怪名：	河童
出没地：	川、沼、海
大きさ：	30cm～1m50cm
クセの強さ：	🔥🔥

夜中に道行く人の髪を切り取る

かみきり

江戸時代に編集された説話集『諸国里人談』には、元禄年間（1688－1704年）のはじめごろに伊勢国松坂（現・三重県松阪市）や江戸の紺屋町（現・東京都千代田区）で、夜中に道を歩いていると、男女を問わずまげに結ってある髪の毛を根元から切られるという怪異が多く発生したと記されています。本人はまったく気づかず、切り取られた髪の毛は結ったまま道に落ちていたそうです。

また、大田南畝（＊）の随筆『半日閑話』にも、同様の怪異が江戸の下谷（現・台東区）や小日向（現・文京区）などで起き、商家や屋敷の召使いの女性たちが被害にあったという話が記録されています。

この怪異は、江戸時代の市街地においてはたびたび噂にのぼったもので、「かみきり」という妖怪の仕業とされました。

江戸時代後期の妖怪絵巻『化物尽絵巻』には真っ赤なふんどしをしめ、鳥のようなくちばしをした妖怪が、どこか得意気な表情ではさみ状になった手で長い髪の毛を持っている姿が描かれています。

ぷろふぃーる

妖怪名：かみきり
出没地：人里
大きさ：1mほど
クセの強さ：

＊ 江戸時代後期の文人・狂歌師

参考画：『化物尽絵巻』北斎季親画
（国際日本文化研究センター所蔵）

ぼそぼそしゃべる
地味すぎる二人組

川男

日本で最初の近代的な国語辞典『和訓栞』（＊）の後編に、川辺に二人の男が並んで座り、ぼそぼそと話をしていたという「川男」に関する記述があります。

その辞典によれば、川男は高い山に流れる川のほとりにいる、背が高くて肌の色がはなはだ黒い妖怪のようです。

美濃国（現・岐阜県）では、夜間に網を使って漁に行く人が見かけることが多く、二人の川男が並んで物語を語っていたという目撃談が伝わっています。

ぷろふぃ〜る

妖怪名：川男
出没地：高山を流れる川のほとり
大きさ：2mほど
クセの強さ：1/5

＊　江戸時代中期の国学者・谷川士清が編集。全93巻。没後の安永6（1777）年から明治20（1887）年まで100年以上かけて順次出版された。

参考画：『決定版　日本妖怪大全』水木しげる画

水辺に現れることから、全国各地で伝承されている河童（74ページ）の一種とする説もあるようですが、「高山の川にいる」「背が高い」など、河童には見られない特徴があることから、別種の妖怪と考えられています。

近年の妖怪関連の本には、川を訪れた人や迷い込んだ旅人に物語を聞かせてくれると記載されているものもあります。

サービス精神に富み、物語をぼそぼそとしゃべるだけ、という地味すぎる妖怪かもしれません。

ぼそぼそ
ぼそぼそ
かくかく
しかじか

この画では、肌の色を黒ではなく緑にしています。

ひとたび怒らせると恐ろしい

キジムナー

「キジムナー」は、沖縄県を代表する妖怪で、ガジュマルという木の精霊といわれています。体中が真っ赤な子供の姿で現れることが多いようですが、土地によっては、大きくて真っ黒いもの、あるいは大きな金玉の持ち主などともいわれています。それ以外にも、「飛び跳ねるように歩く」「男女の性別があり、子供を産んで家族連れで現れる」「魚介類を主食とする」などの特徴が伝えられています。また、火に関連しているという説もあり、家の屋根から怪火が上がると、その家で死人が出ることをキジムナーが知らせているのだと考えられています。自ら海に潜って漁をする一方で、奄美大島のケンモン（82ページ）と同じように、人間の船に同乗して共同で漁を行なうとも伝えられています。

人間に危害を加えることはほとんどありませんが、ひとたび恨みを買うと、徹底的に祟られるという話もあります。一般人の立ち入りがタブー視されているある島では、島内に入った人間の口に、キジムナーが金玉やオッパイを突っ込んで窒息死させるという言い伝えもあります。

この島へ入っちきたら
ケツの穴から手~突っ込んで
奥歯ガタガタいわせるぐらい
エゲツない目にあわせちゃる
んだもんねッ!!

ぷろふぃ~る

妖怪名：キジムナー
出没地：人里、島、海
大きさ：1mほど
クセの強さ：🔥🔥🔥🔥

参考資料：伝承をもとにした創作

相撲好きなのに、体臭がキツい

ケンモン

くっさ〜〜〜〜!!

オイラと相撲とろうよ

鹿児島県の奄美群島に伝わる妖怪で、「ケンモン」または「ケンムン」と呼ばれ、古くは江戸末期の文献『南島雑話』に「水蝹」と表記されています。

脚が細長く、全身は赤い毛でおおわれ、サルのような顔で、頭には油をためておく皿があります。相撲が大好きだったり、漁を手伝ったりと、河童（74ページ）や沖縄のキジムナー（80ページ）と共通する特徴もあります。また、ガジュマルの木を住み家にしていることから、木の精霊ともいわれることもあるようです。

姿を変える能力を持っていて、見た相手や馬、牛に化けたり、姿を消して行方をくらましたりすることもできるといわれています。

妖怪たちが住み家にしているガジュマルの木を切ると、祟られることもあるといわれていますが、島の人々にとっては恐ろしいというよりも、むしろ愛らしい存在として親しまれています。

仲よくなった相手には大好きな相撲を挑みますが、体臭がキツすぎて誰にも相手にしてもらえないという残念で悲しい一面もあります。

参考画：『南島雑話』名越左源太画
（奄美市立奄美博物館所蔵）

ぷろふぃ〜る

妖怪名：ケンモン
出没地：海、山
大きさ：1m30cm
クセの強さ：🔥🔥🔥

自分の芸がウケないと暴れだす

五体面

大きな頭から手足が生えたカニのような姿で描かれている妖怪です。その形から、「五体面」という名前の「五体」とは、頭、両手、両足のことを指していると考えられます。

『百鬼夜行絵巻』などに見られる妖怪で、絵巻には解説文がないためどういう妖怪かは不明ですが、妖怪研究家の多田克己は、カニのような体形であることから、物事が横道にそれてなかなか進まない様子をいう「カニの横ばい」とかけて、物事の進行の邪魔をする妖怪ではないかという説を唱えています（『妖怪図巻』解説より）。

漫画家の水木しげるの著書『決定版 日本妖怪大全』によれば、大名や貴族の屋敷の応接間に出るという妖怪で、来客があるとたびたび現れて、客人を笑わせようとするとあります。自分のお笑い芸がウケないと、怒りのあまり涙を流したり、暴れだしたりするようです。そして、さんざん家の中を荒らすと、しまいにはその場で寝てしまうといいます。身勝手で、クセがつよいにもほどがある、はなはだ迷惑な妖怪です。

参考画：『百鬼夜行絵巻』
尾田淑太郎（郷澄）画（松井文庫所蔵）

ぷろふぃーる

妖怪名：五体面
出没地：屋敷
大きさ：1m
クセの強さ：🌀🌀🌀🌀🌀

囲炉裏ばたで勝手に火を起こす

五徳猫

キツネやタヌキほどではありませんが、猫も化けて人間に危害を加えるという話が伝わっています。猫の妖怪で有名なのは、年をとった古猫が、尻尾の先が二つに分かれて魔力を持つといわれている「猫又」（104ページ）です。

猫は動きが静かで、表情もあまり変わらないことから、昔から化けたり、人に祟ったりするといわれてきました。

本性を隠しておとなしくしていることを「猫をかぶる」というのは、猫の生態からきた表現です。

この「五徳猫」は、古くは室町時代の『百鬼夜行絵巻』に見られる妖怪で、五徳（囲炉裏で鍋・やかんなどをのせる台）を冠のようにかぶり、火吹き竹を持って百鬼夜行の列に加わっている姿が描かれています。

また、江戸時代の妖怪画集『百器徒然袋』には、同様の妖怪が囲炉裏ばたで火を起こしている姿で描かれています。この画から、近年の妖怪本では、囲炉裏に現れて火を起こす妖怪という解説も見られますが、その正体はおそらく五徳の付喪神と考えられます。

ぷろふぃ〜る

妖怪名：五徳猫
出没地：人家、人里
大きさ：60cm
クセの強さ：

参考画：『百鬼夜行絵巻』
伝土佐光信画
（京都・大徳寺真珠庵所蔵）

月夜の晩に踊りだす

さざえ鬼

あらゆる物は、長い年月を経て霊力が身についたり、妖怪に変化したりすることがあるようです。「さざえ鬼」もそんな妖怪の一つで、30年も生きのびたサザエが妖怪になったものといわれています。

サザエに目がつき、体と手足が生えたもので、古くは室町時代の『百鬼夜行絵巻』に、ハマグリの子供の妖怪「貝児」の手を引く姿が描かれています。

普段はおとなしく海中に潜んでいますが、月夜の晩などには海上に浮かび上がって、うかれたように踊りだすといわれています。

和歌山県には、落語のオチのような話が伝わっています。その伝承によれば、海で溺れていた美女を助けあげた海賊が、ひどいことに、みんなでその女を襲ったそうです。ところが、女は実は、さざえ鬼が化けたもので、海賊たちは全員が金玉を取られてしまいます。結局、海賊は金玉を返してもらうために莫大な黄金を支払ったそうです。

「金で金玉を買い戻した」というわけです。

(おあとがよろしいようで。)

参考画：『百器徒然袋』鳥山石燕画
（川崎市市民ミュージアム所蔵）

しょうけら

人間を監視して神さまにチクる

「仏教」「儒教」と並んで中国三大宗教の一つとされる「道教」では、人間の頭と腹と足には、それぞれ道士（修行者）の姿をした「上尸」、獣の姿をした「中尸」、牛の頭に人の一本足がついた「下尸」という「三尸」の虫がいて、宿主を監視しているといわれています。

60日に一度めぐってくる庚申（＊）の日には、この三尸が寝ている人間の体から抜け出して、天帝（天上の最高神）に人間の日ごろの行ないを報告し、罪状によっては寿命を縮めたり、死後に地獄・餓鬼・畜生の三悪道に落としたりするといいます。

そのため、日本では三尸の虫が天にのぼれないように、庚申の夜は眠らずに過ごす「庚申待」という行事が、

＊「かのえさる」とも読む。干支の一つ。干支は中国を起源とする60周期の数え方で、「甲」「乙」「丙」などの十干と、「子」「丑」「寅」などの十二支を組み合わせたもの。

天帝にいってやる！
あーらーらーこーらーらー♪
いーけないんだいけないんだ♪
えっ！マジ!?ヤバッ!!

平安時代から行なわれていました。今も各地に残る庚申塔は、庚申待を3年（18回）続けた記念に建立されたものです。「しょうけら」は、その三尸が合体した姿、あるいは、三尸の中でも獣の姿をした中尸を描いたものともいわれています。

参考画：『百怪図巻』佐脇嵩之画（福岡市博物館所蔵）

ぷろふぃーる

妖怪名：しょうけら
出没地：屋根
大きさ：不明
クセの強さ：

参考画：『画図百鬼夜行』鳥山石燕画
（川崎市市民ミュージアム所蔵）

嫉妬で下半身がビヨ〜ンと伸びる

高女

「高女」は「たかじょ」とも呼ばれ、嫉妬深い醜女（不細工な女性）がなるといわれている妖怪です。『画図百鬼夜行』には、遊郭（遊女を抱えておいて、客に遊興させる家）らしき建物で、お歯黒をつけ、引眉した高女が下半身を異様に長く伸ばした姿で描かれています。

引眉とは眉を剃ったり抜いたりすることです。もともとは女子が成人した際の儀式で、お歯黒と一緒にしていたものです。

平安時代の中ごろからは男性貴族や武将なども引眉を行なうようになりました。そして江戸時代になると、ほとんどの既婚女性がお歯黒と引眉をするようになりました。

近年の妖怪関連本などでは、高女は男に相手にされなかった女性が化けたもので、遊郭などの2階を覗いて人を脅すものという解説がありますが、お歯黒と引眉の画から、既婚女性が化けた妖怪だとわかります。また、鬼女の一種とする説もあるようですが、それを裏づける伝承はありません。とにかく嫉妬深い、クセがつよい妖怪のようです。

手のひらについた目で悪党をさがす

手の目

金返せ~っ!!
チミたちも
人さまのものを盗んだら
ただじゃすまさんぞー!!

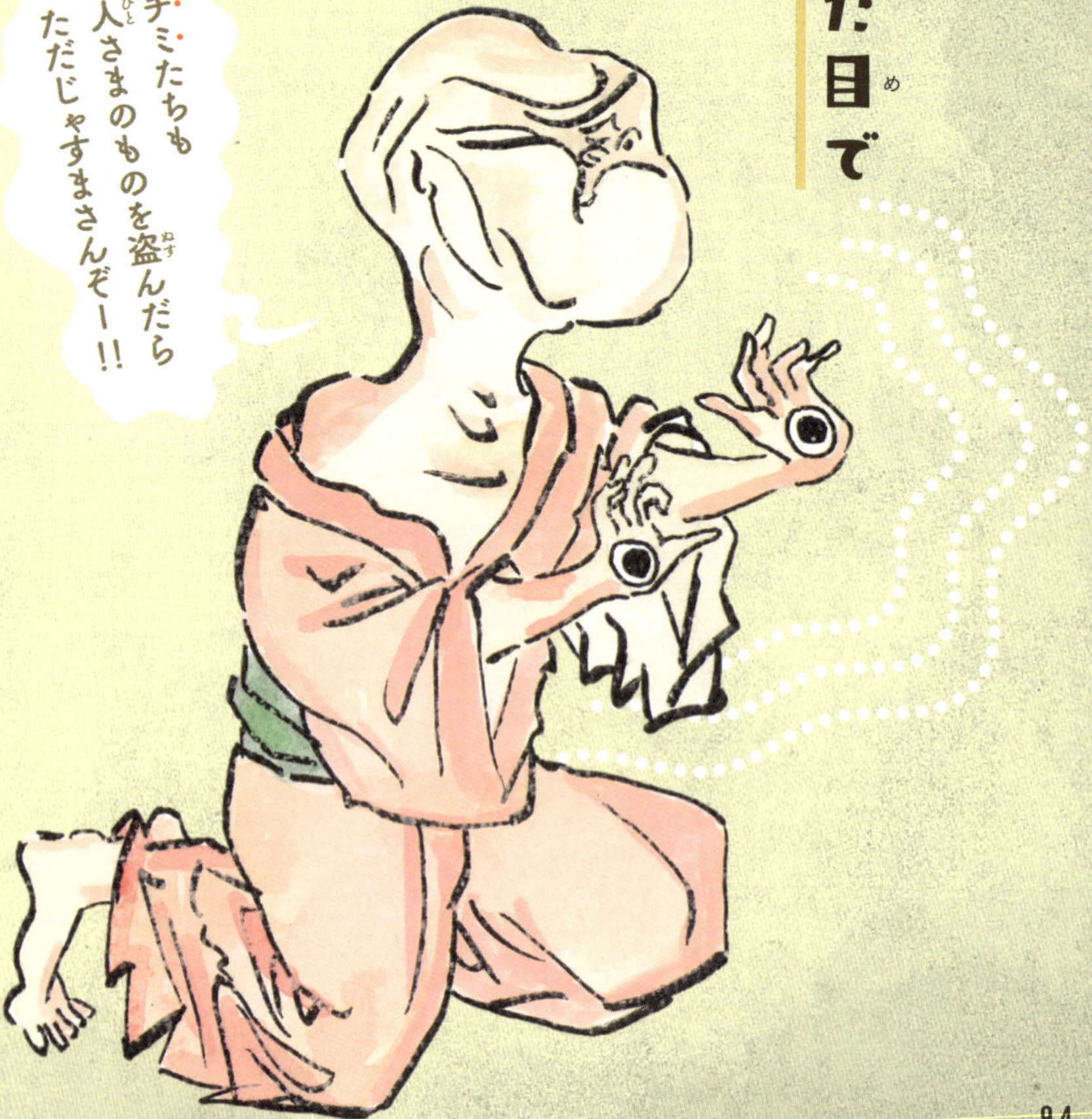

江戸時代に刊行された怪談集『諸国百物語』には、「手の目」に関連して「ばけ物に骨をぬかれし人の事」という話がさし絵つきで掲載されています。

ある男が京都市内の墓場に肝試しに行ったところ、背丈が8尺（約2・4メートル）ほどもある巨大な老人が現れた。その化け物には手のひらに目玉があったという。男は近くの寺に逃げ込み、その寺の僧に頼んで、長持ち（服などを保管しておくフタつきの直方体の箱）の中にかくまってもらった。僧が物陰から様子をうかがっていると、男を追って化け物が寺に入ってきた。すると、長持ちのあたりから犬が骨をしゃぶるような音がして、やがて化け物は消え去った。僧が長持ちを開けると、男は体から骨を抜き取られて皮ばかりになっていた——。

また、岩手県や新潟県では、金品を奪われた人が、満月の夜になると両手のひらについた目を開けて、復讐すべき悪党をさがしてさまようようになったと伝わっています。「手の目」は、恨みの念から手のひらに目玉が現れた妖怪です。

ぷろふぃーる

妖怪名	手の目
出没地	墓場、荒れ野
大きさ	1m40cm～2m40cm
クセの強さ	🔥🔥🔥🔥（5段階中4）

参考画：『百鬼夜行絵巻』
尾田淑太郎（郷澄）画（松井文庫所蔵）

二つの頭がある謎の妖怪

どうもこうも

江戸時代に描かれた絵巻物や妖怪画集には、一つの体に二つの頭がある、緑色をした女の妖怪が描かれています。絵巻物によって「どうもこうも」や「右も左も」といった名前がつけられていますが、妖怪の説明はありません。そのため、謎の多い妖怪ですが、石川県や長野県、高知県などには以下のような昔話が伝わっています。

その昔、「自分こそ日本一の名医」と自慢する「どうも」と「こうも」という名前の医者がいて、腕を競うことになりました。二人はまず、お互いの腕を切り落とし、それをつなぐという技くらべをしましたが、切った跡はまったく残らず、勝負はつきませんでした。続いて、お互いの首を交互に切ってつなぐことになり、二人とも一瞬のうちにつなぎ合わせました。やはり勝負はつかず、「今度は同時に首を切り、同時につなごうじゃないか」ということになり、合図とともに同時に相手の首を切り落としました。当然、つなぐ者がなく、二人とも死んでしまいました。このことから、なにもできないことを「どうもこうもならない」というようになったということです。

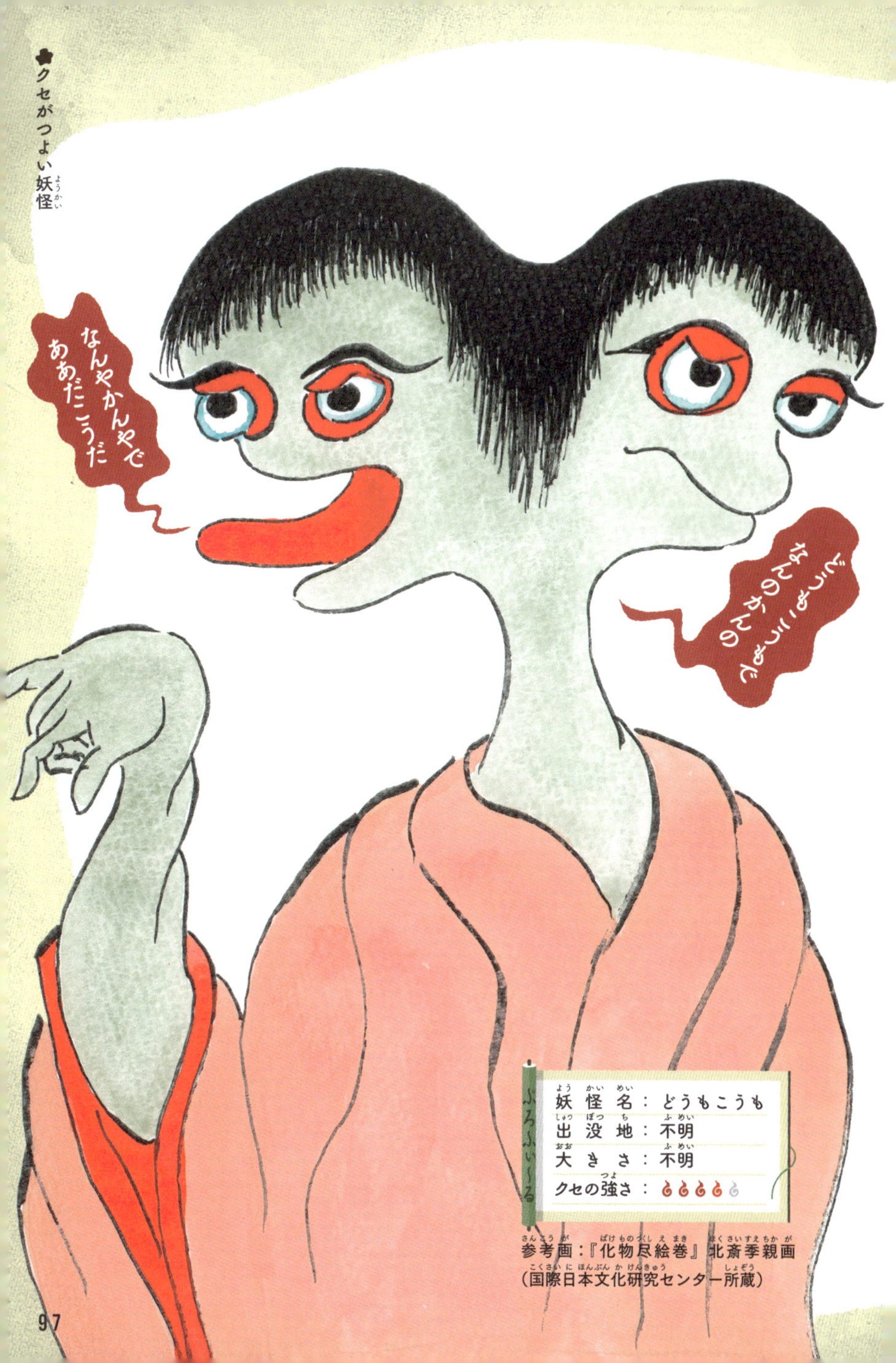

ぷろふぃーる

妖怪名：どうもこうも
出没地：不明
大きさ：不明
クセの強さ：🔥🔥🔥🔥

参考画：『化物尽絵巻』北斎季親画
（国際日本文化研究センター所蔵）

泣いて不幸を知らせるお婆さん

泣き婆

静岡県に現れたとされる妖怪で、『蕪村妖怪絵巻』に「夜泣き婆」の名前で描かれています。

家の前にこの妖怪が現れて泣くと、居合わせた人々はつられて涙するといわれています。そして、これが何度か繰り返されると、その家には不幸があるといわれ、疫病神に近いものとする説もあります。

漫画家の水木しげるは、「死人が出る前に泣くのであるが、その泣き声が不幸をよびこむのだろうか」と著書『決定版　日本妖怪大全』に記しており、不幸がやってくることを

ぷろふぃ〜る	
妖怪名	泣き婆
出没地	人家、人里
大きさ	1m30cm
クセの強さ	🔥🔥🔥🔥

参考画：『蕪村妖怪絵巻』与謝蕪村画
（東北大学附属図書館所蔵）

知らせる役目を持つものと解説しています。また、「普通、泣き婆といえば妖怪ではなく、泣くことを仕事とした女性のことをいう。（中略）昔はこうした泣き婆には、謝礼として米を三升とか五升とか与えていたという」とも記しています。

かつてはお葬式のときに雇われて号泣する女性がいて、「泣き女」や「泣女」などと呼ばれていました。一説には、悪霊ばらいや魂呼ばい（死者の魂を呼び戻すこと）としての性格もあわせ持つといわれていました。

しくしくしく
うえ〜んうえ〜ん！
くすんくすん

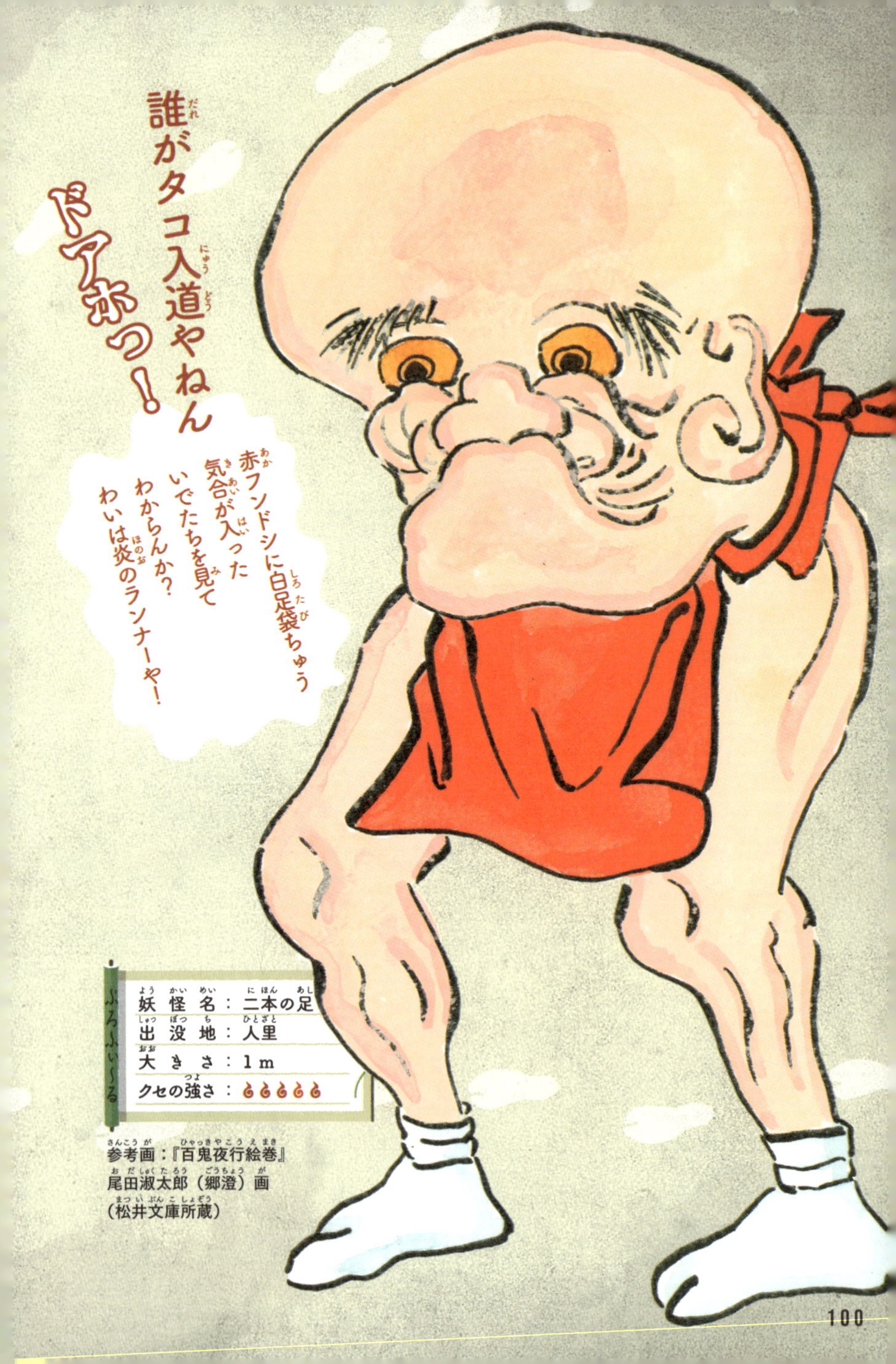

参考画：『百鬼夜行絵巻』
尾田淑太郎（郷澄）画
（松井文庫所蔵）

頭と足が直結！ 究極の二頭身

二本の足

江戸時代の多くの妖怪絵巻に見られる妖怪で、どの絵巻物にも、顔のすぐ下に、白い足袋を履いた筋肉質でたくましい二本の足が生えた姿で描かれています。

そんなおかしな外見からか、「二本の足」という呼び名のほかに、「らちもない」という名前もつけられています。

「らちもない」というのは、順序だっていないとか、メチャクチャという意味です。まさに、その姿形は順序だっていません。

どのようなことをする妖怪かは、絵巻物に解説がないため、詳細はわかりませんが、漫画家の水木しげるの著作では、「その姿から想像するに、とにかく走りまわる妖怪のようである。かつて九州地方に現れたのだろうか、こんな妙ちくりんな妖怪が夜の町中を走りまわっていたとすれば、かなり恐ろしかったに違いない」（『決定版　日本妖怪大全』）と記されています。

走り回るだけで人にはなにも危害を与えないかもしれませんが、その姿からは、かなりクセがつよい妖怪であることが伝わってきます。

ぬりかべ

夜道で邪魔をする壁のような妖怪

「ぬりかべ」は、夜道で人の通行を邪魔する、姿の見えない壁のような妖怪として、九州北部に伝えられています。福岡県の沿岸地方の伝承によると、夜道を歩いていると、突如として目に見えない壁のようなものが現れて通行の邪魔をし、その横をすり抜けようとしても、左右にどこまでも続いていて、前に進むことができないということです。

江戸時代に狩野派の画家・狩野由信によって描かれた『化物づくし絵巻』には、獅子（大型の獣）のような姿をした三つ目の妖怪が描かれて

います。最近になって、同じ妖怪が別の絵巻に「ぬりかべ」という名前で描かれていることがわかりました。この妖怪画が、九州で伝承されているぬりかべを描いたものとは断言できませんが、もし違ったとしても同じような性質を持つ妖怪の可能性があります。

水木しげるの漫画『ゲゲゲの鬼太郎』に登場する「ぬりかべ」は目と手足を持つ巨大な壁のようなキャラクターですが、これは水木しげるが伝承をもとに創作したものです。

せまい日本
そんなに急いで
どこへ行く
（1973年の全国交通安全運動の標語）

たまには寄り道
回り道もいいと思うよ
思いがけない発見が
あるかもしれないしね

ぷろふぃ〜る

妖怪名：ぬりかべ
出没地：夜道、人里
大きさ：不明
クセの強さ：🔥🔥🔥🔥

参考画：『化物づくし絵巻』狩野由信画
（広島県三次市「湯本豪一コレクション」所蔵）

猫は老いると人をダマす？

猫又

♪ちんトン しゃんトン♪ ♪ちりとてちん♪

参考画：『百怪図巻』佐脇嵩之画
（福岡市博物館所蔵）

鎌倉時代の有名な歌人・藤原定家（＊1）の日記の中に、南都（今の奈良県のこと）で「猫又」が一晩で数人の人間を食い殺したという記述があります。

猫又の容姿については「目は猫のごとく、体は大きい犬のようだった」といいます。

また、同じく鎌倉時代の名随筆『徒然草』（＊2）には、「奥山に猫又がいて人を食う」とある一方で、飼い猫も年をとると猫又に化けて人を食ったりさらったりするようになるともあります。

このことから、猫又は山中の獣といわれるものと、年老いた飼い猫が化けるものの2種類がいることがわかります。

江戸時代以降は、人家で飼われている猫が年をとると尻尾の先が二つに分かれて魔力を持つとする説が広まり、山にいる猫又は人里から山に移り住んだものとも考えられるようになりました。

また、猫又はしばしば妖怪画の題材になり、『百怪図巻』などでは女性の身なりをした猫又が三味線を弾いている姿が描かれています。

＊1 『新古今和歌集』などを手がけた歌人。猫又は『明月記』という日記の天福元（1233）年の記事に出てくる。

＊2 兼好法師が書いた作品で「日本三大随筆」の一つ。

ぷろふぃ〜る

妖怪名：猫又
出没地：山中、屋敷
大きさ：1.2m 〜 2.8 m
クセの強さ：

ぷろふぃ〜る

妖怪名：ねぶとり
出没地：人家
大きさ：部屋に入りきらないほど
クセの強さ：🔥🔥🔥🔥🔥

「ねぶとり」は、『絵本百物語　桃山人夜話』に見られる妖怪です。起きているときは普通の女性にしか見えませんが、夜になって寝床につくと、どんどん巨大化して部屋に入りきらなくなるほどの巨体となり、車のようにうるさいいびきをかくといいます。それ以外なにかをするわけではありませんが、色気もなく、なにかにつけて騒々しくてあつくるしい、やっかいな妖怪です。

上方（関西の）落語には、ねぶとりが登場する「お玉牛」という演題があります。ある村でお玉という美女の家に「小突きの源太」という男が忍びこみ、布団の中に手を入れて「お玉ちゃん、えらい毛だらけやし……大きい体やなあ。寝肥かいな？」と驚くという展開です。

これは愛娘を守るために、父親がお玉の布団の中に、あらかじめ牛を寝かせていたもので、そこへ父親が踏み込んできて、「これでも、また娘のところにくるか！」と男に詰め寄ると、牛だけに「〝モウ〟きまへん」と逃げ去るというオチです。

昼間は美人、布団に入ると……

ねぶとり

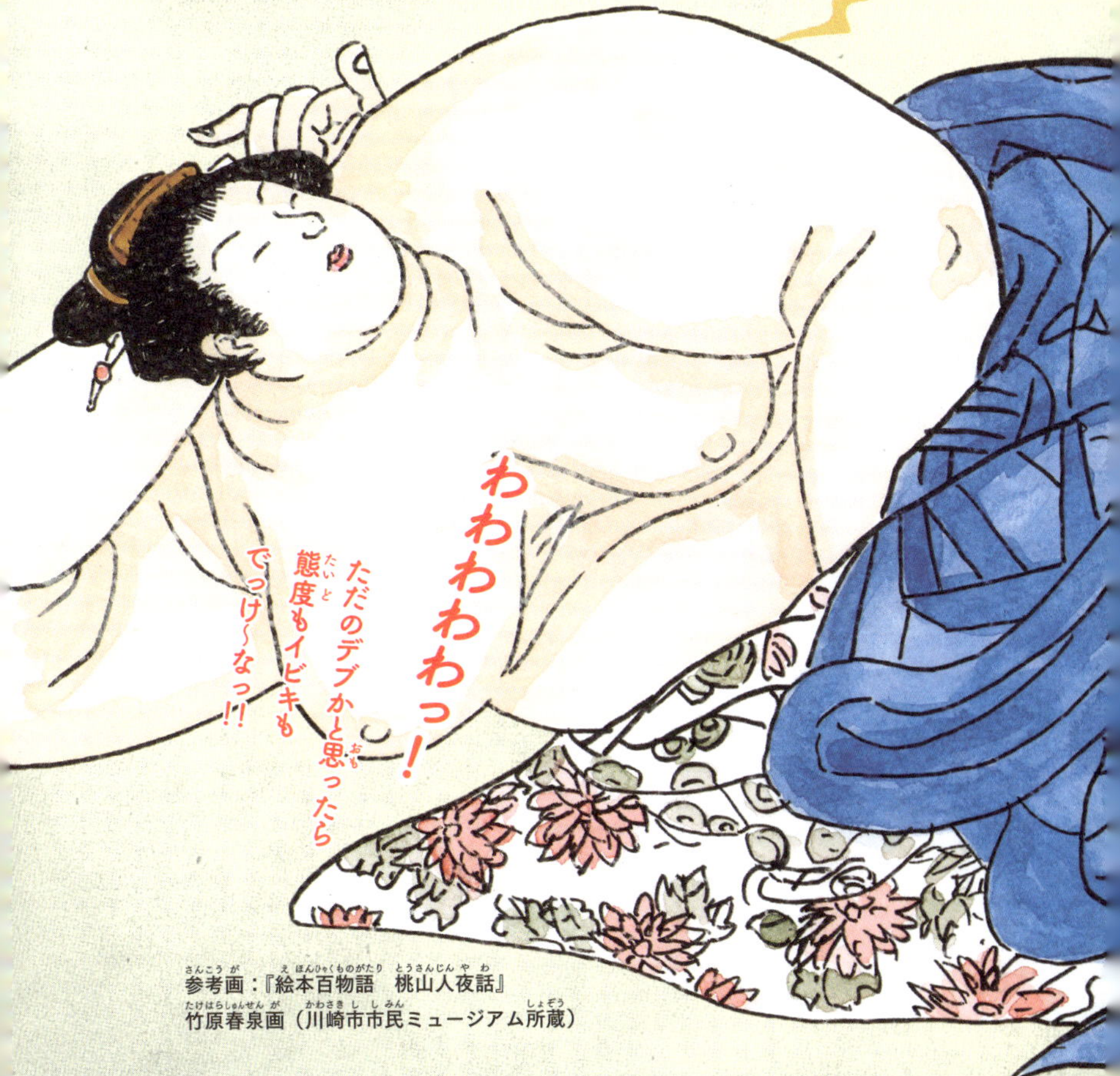

特技はリバウンドです
わわわわわっ！
ただのデブかと思ったら態度もイビキもでっけ〜なっ!!

参考画：『絵本百物語　桃山人夜話』
竹原春泉画（川崎市市民ミュージアム所蔵）

ムササビ？
コウモリ？
風呂敷？？？
のぶすま
血吸うたろか？
呼ばれもしないのに突然ふわりと現れる
わてが噂の
のぶすまでんねん
吸血コウモリと
ちゃいまっせ

参考画：『化物尽絵巻』北斎季親画
（国際日本文化研究センター所蔵）

ぷろふぃ～る

妖怪名：のぶすま
出没地：山中、人里
大きさ：不明
クセの強さ：🔥🔥🔥🔥

「のぶすま（漢字は野衾）」は山中や町中を歩いていると突然現れて通行の邪魔をする妖怪で、大きく2種類に分かれます。

一つは高知県幡多郡（現・宿毛市）に伝わるもので、これは「ぬりかべ」（102ページ）のように路上に目に見えない壁のようなものが現れて、上下左右ともに果てしがなく、通行人の行く手を阻むというものです。そしてもう一つは、新潟県の佐渡島や江戸（現・東京都）に伝わるムササビに似た妖怪です。

佐渡島では、夜中に大きな風呂敷のようなものが空からふわりと飛んできて、人の頭を包むといわれています。江戸に現れたものはムササビのような姿をしているといわれ、こちらも人の目や口をおおうといわれています。

この動物系のぶすまは木の実を食べるほか、火を食べ、人や動物の生き血を吸うともいわれ、江戸時代の奇談集『絵本百物語　桃山人夜話』には、正体は長い年月を経てコウモリが妖怪化したものという記述があります。

“鳴り物入り”で現れる黄色い妖怪

化け銀杏の霊

「化け銀杏の霊」は『蕪村妖怪絵巻』に見られる妖怪で、その容姿は黄色い体に墨で染められた着物をまとい、手には鉦（槌やバチで打ち鳴らす金属製の皿状の楽器で、雅楽や仏教に使われる）を持っています。

銀杏は精霊が宿る木と考えられていて、しめ縄を張り、御神木としている神社も少なくありません。『蕪村妖怪絵巻』では「鎌倉若宮八幡いてう（銀杏）の木のばけ者」という名前がつけられています。この木は、鶴岡八幡宮にあった大銀杏だと思われます。鎌倉幕府三代将軍、源実朝が暗殺された際、犯人の僧侶・公暁が潜んでいたことから「隠れ銀杏」とも呼ばれます。幹回りは6・8メートル、高さ約30メートルの巨木で、樹齢は千年といわれ、鶴岡八幡宮のシンボル的存在でした。

残念ながら、平成22（2010）年の3月に強風のため倒れてしまいましたが、翌月にはヒコバエ（樹木の切り株や根元から生えてくる若芽）が芽吹き、それ以降、小さな葉を茂らせながら順調に成長しているようです。

ぷろふぃ〜る

妖怪名：化け銀杏の霊
出没地：人里
大きさ：1m
クセの強さ：

参考画：『蕪村妖怪絵巻』与謝蕪村画
（東北大学附属図書館所蔵）

チンチ〜〜〜ン
チンチ〜〜〜ン
コンチキチン♪
コンチキチン♪

地中に隠れているユルかわ妖怪

はぢっかき

一見、雪だるまか大福餅に見えるこの妖怪は、中国の「謝豹虫」という妖怪がもとになっていると考えられています。謝豹虫は恥ずかしいという感情がこりかたまって生まれた妖怪で、普段は地中に隠れていますが、人が恥ずかしい体験をしたときに現れます。絵巻物に描かれている「はぢっかき」は、「あちゃ〜！　やらかしちゃった」と短い前足で頭を抱えてこちらをうかがっているようで、とても恥ずかしそうです。

人前でうんこをもらした人は少ないと思いますが、ほとんどの人がすかしっ屁ぐらいはやった経験があるのではないでしょうか。今なら笑ってすませることができますが、江戸

参考画：『化物尽絵巻』北斎季親画
（国際日本文化研究センター所蔵）

ぷろふぃ〜る

妖怪名：はぢっかき
出没地：土中
大きさ：不明
クセの強さ：

「花嫁はひとつひっても命がけ」

時代には女性が人前でオナラをしてしまうことは、生きるか死ぬかの大問題で、お見合いの席などでやらかしてしまい、引きこもったり自殺したりする女性がいたそうです。そのため、高貴な奥方や娘に付き添い、彼女たちが屁をすると、すばやく「私がいたしました」と、恥かきの身代わりになる「屁負比丘尼」という役職がありました。いってみれば、女性たちをはぢっかきから守っていたゴーストバスターです。

いたずらを注意されると怒りだす

一つ目小僧

顔に目が一つだけある小僧の姿で現れる妖怪。豆腐小僧（42ページ）と同じように、江戸時代の黄表紙や怪談本などにマスコットのように描かれていることが多く、突然現れて人を驚かすユルい妖怪です。豆腐が好物だという伝承もあり、妖怪画には長い舌を出して手に持った豆腐をなめている様子が描かれているものもあります。

いろいろな伝承がありますが、中でも江戸時代の怪談集『怪談老の杖』（＊）にある次の話が有名です。

四谷の小鳥屋・喜右衛門が麻布の武家にウズラを売り、代金をもらうために屋敷へ行くと、部屋に10歳ほどの小僧が現れて、床の間の掛け軸を巻き上げては落とし、また巻き上げて落とし……と繰り返し始めた。注意すると、「黙っておれ！」と振り返った。その顔には目が一つしかなく、喜右衛門は悲鳴を上げて倒れた。その屋敷ではそのような怪異が年に4、5回あるという——。

人に危害を加えることはないようですが、いたずらをとがめると、必ず「黙っておれ！」と一つ目でにらみ返すといわれています。

ぷろふぃ〜る

妖怪名	一つ目小僧
出没地	人里
大きさ	1m
クセの強さ	🌀🌀🌀🌀

＊ 平秩東作による怪談集。「小鳥屋怪異に逢し話」の「黙っておれ」という一つ目小僧の話が有名。

参考画：『天怪着到牒』北尾政美画（国立国会図書館所蔵）

江戸時代の妖怪画集『今昔百鬼拾遺』に見られる妖怪で、縁の下から上半身を現して首を長くのばし、長い舌で行灯（昔の照明器具）の油をなめている様子が描かれています。

解説文によると、生前になまけてばかりいた者が、死後にこの妖怪になり、夜なべ（夜仕事）をして一生懸命に仕事をしている人がいると、不意に現れて行灯の火を消したりして邪魔をするとあります。

また、「へのへのもへじ」と同じ文字遊びで、「ヒマムシ」を「ヘマ

「へめへめいひひ」は女の子♪

「へのへのもへじ」は男の子♪

ムシ」と言い換え、カタカナの「へ」「マ」「ム」「シ」で目・鼻・口を、「入道（仏教の修行をする人）」で体を書けば、「火間虫入道」の姿になるという遊びも紹介しています。

「なまけ者」説以外にも、物陰に隠れ住むゴキブリが化けたものという説もあるようです。ゴキブリの雄には「火虫」という別名があり、こそこそと隠れて残飯を盗み食いしたり、行灯に使われていたような魚油をなめたりします。その生態がこの妖怪に重なることから、ゴキブリの妖怪ではないかというわけです。

マジメに働く人の仕事を邪魔する

火間虫入道

ぷろふぃ～る

妖怪名	：火間虫入道
出没地	：人家
大きさ	：1m 50cm
クセの強さ	：●●●●○

参考画：『今昔百鬼拾遺』鳥山石燕画（川崎市市民ミュージアム所蔵）

「ヘマムショ入道」と書けば
あっという間に火間虫入道だ♪

ひょうすべ

河童の仲間だけど、ナスが好き♡

参考画：『百怪図巻』佐脇嵩之画
（福岡市博物館所蔵）

九州地方に伝承されている妖怪で、河童（74ページ）の仲間といわれています。姿形はサルに似ていて、絵巻物などには毛深い姿で描かれています。体とは対照的に、頭はつるんとしたハゲ頭で、一見するとユーモラスな表情やポーズに映りますが、どこか相手を小馬鹿にしたようにも見えます。

キュウリ好きの河童と違って、ひょうすべの好物はナスといわれ、初なりのナスを畑でひょうすべに供える地域もあります。

一説には、ひょうすべの姿を見た者は原因不明の熱病に侵され、周囲にも伝染するといわれています。また、ナス畑を荒らすひょうすべを目撃した女性が全身が紫色になって死んだとか、ひょうすべが笑うのにつられて笑うと熱を出して死んでしまうという話も伝わっています。

春・秋のお彼岸には「ひょうひょう」と鳴きながら渓流沿いを行き来するようで、この鳴き声から「ひょうすべ」と呼ばれるようになったともいわれていますが、名前の由来には諸説あるようです。

ぷろふぃ〜る

妖怪名：ひょうすべ
出没地：川、山
大きさ：1mほど
クセの強さ：

妖怪の多くは、化ける前の姿が想像できるものですが、中には、いったいなにが変化したのかわからないものもいます。「ひょうたんこ」もそんな〝ふしぎ系〟妖怪の一つ。

くりんとした目玉と長くのばした赤いベロ、そして、うずくまった姿から、カエルの妖怪にも見えますが、その名前や姿形からしても、これはひょうたんが化けた妖怪であることがわかります。

ひょうたんの妖怪は、古くは室町時代の妖怪絵巻にも描かれ、江戸時

善にも悪にもなる

“ふしぎ系”

ひょうたんこ

ぷろふぃ〜る

妖怪名：ひょうたんこ
出没地：不明
大きさ：5cm〜2m
クセの強さ：🔥🔥🔥🔥

参考画：『百妖図』作者不詳（大屋書房所蔵）

代の『百器徒然袋』には頭部がひょうたんになった人のような姿をした「ひょうたん小僧」という妖怪が描かれています。昔から「中が空洞になったものには霊がこもりやすい」という俗信があり、悪い霊が取りついて妖怪になったのが、ひょうたん小僧だと考えられています。

出雲大社の爪剝の神事（＊）では、ひょうたんを胴切にして柄をつけたものを柄杓として、御神水を供えるときに使う伝統があります。これには、ひょうたんに宿る霊力を利用するという意味が込められています。

「ひょうたんから駒が出る」とは
思いがけないことやありえない
ことが起きることのたとえですが
「ひょうたんからベロが出る」とは
意外なものに化けることです
（冗談です。そんなことわざはありません）

＊ 出雲大社で年間72回におよぶ祭礼の一つで、塩、稲穂、瓜、茄子、根芋、大角豆、水を供えて行なわれる。この祭がなにを意味しているかは定かでない。

闇の番人？ 火の用心の管理人？

吹き消し婆

夜道を歩く人が持つ提灯のロウソクや、家の中の行灯（昔の照明器具）の火が、風もないのに突然、消えてしまうことがあります。これは、火を吹き消す老婆姿の妖怪「吹き消し婆」の仕業だといわれています。

『今昔画図続百鬼』によると、陰気（マイナスに働く）の存在である妖怪は、火などの陽気（プラスに働く）が苦手なので、陰気が支配する暗闇の時刻になると、妖怪たちのために吹き消し婆が灯火を消して回っていると解説されています。

また、怪談集『東北怪談の旅』（61ページ下の注を参照）には、秋田県の宿場町の旧家で結婚の祝い事があり、客たちが帰った後、番頭が座敷のロウソクの明かりを消そうと戻ると、吹き消し婆が現れてすべての火を消して、その姿も消えたと記されています。

火を吹き消す以外の悪さはしないので、考えようによっては、火の用心の管理人のようでもありますが、明かりといえば火だけがたよりだった時代には困った存在だったに違いありません。

ふうううううううっ!!
肺活量はどれくらいかって?
ンなもん測ったことねえべさ
ぷろふぃ〜る
妖怪名：吹き消し婆
出没地：人家、人里
大きさ：1m 30cm
クセの強さ：
参考画：『今昔画図続百鬼』鳥山石燕画
（東北大学附属図書館所蔵）

「食(く)わず女房(にょうぼう)」とは名(な)ばかり

二口女(ふたくちおんな)

私(わたし)はなにも食(た)べません……

うそぴょ〜ん!
ンなわけねぇだろがっ
バ〜〜〜〜カッ!!

「二口女」は、全国的に分布している「飯食わぬ女房」という昔話に登場する妖怪です。

ある村にケチな男がいて、ごはんを食べないでよく働く奥さんをさがしていました。するとある日、「私はなにも食べないので、嫁にしてください」と一人の女がやってきます。二人は結婚するのですが、実はその女は、後頭部にあるもう一つの口で大食いする二口女だったのです。その正体を知った男は、女房を追い出そうとしますが、反対に食われそうになるという話です。地域によっては、二口女の正体は、鬼女、山姥、クモなどとされています。

また、江戸時代の奇談集『絵本百物語　桃山人夜話』には違う話がのっています。それによると、先妻の子供を愛せない継母が、食事も与えずに飢え死にさせてしまう。子供の四十九日にあたる日、薪割りをしていた夫の斧が、後ろを通りかかった女の後頭部を直撃。割れた傷口はやがて口になり、しくしく痛んだが、そこへ食べ物を入れるとなぜか痛みが治まり、次第に後悔の言葉をつぶやくようになったそうです。

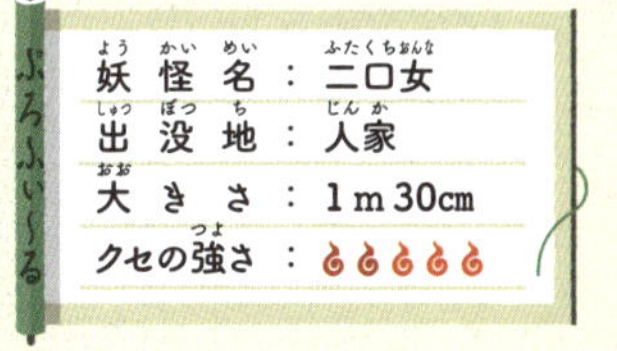

ぷろふぃ〜る
妖怪名：二口女
出没地：人家
大きさ：1m30cm
クセの強さ：

参考画：『絵本百物語　桃山人夜話』
竹原春泉画（川崎市市民ミュージアム所蔵）

＊ 頭頂部だけ毛髪がなくツルリとした髪型。「ザビエル」とは、日本に初めてキリスト教を伝えたカトリック教会の宣教師のこと。

参考画：『百鬼夜行絵巻』
尾田淑太郎（郷澄）画（松井文庫所蔵）

ぷろふぃ〜る

妖怪名：べくわ太郎
出没地：人里
大きさ：1m50cm
クセの強さ：

人をイラつかせる裸の大将

べくわ太郎

江戸時代に描かれた多くの絵巻物に、両手で両目の下まぶたを下げながらベロを出した二頭身の妖怪が描かれています。絵巻物によって、「べくわ太郎」「べか太郎」「べろり太郎」「あっかんベー」など名前に違いはありますが、どれも「ザビエルハゲ（＊）に全裸」というヤバすぎるルックスをしています。

この妖怪が見せる仕草は、子供が人を小馬鹿にするときにやる「アッカンベー」ですが、中国では「張目吐舌」といい、相手を驚かせるときに用いるようで、このポーズを決める妖怪を見て死んだという話がいくつか伝わっています。

日本の絵巻物には、この妖怪について詳しい説明がのっていませんが、実はこのポーズ、魔除けのおまじないでもあるのです。日本では古くから「赤色」には魔除けや厄除けの神通力（超人的な力）があると信じられていたため、下まぶたの裏側や舌などの赤い部分を見せたのです。神社で世俗と神域の境界を分ける役割を果たしている鳥居が赤いのも、その下をくぐることで悪い運気やケガレを浄化させるためです。

ぷろふぃ～る

妖怪名：豆ダヌキ
出没地：山中、人里
大きさ：中型犬ほど（体長）
クセの強さ：

西日本に伝わるタヌキの妖怪です。山陽地方では「マメダ」と呼ばれ、ときおり3、4歳の子供くらいの大きさの老婆に化けて、物置部屋に無言で座っていることがあるといわれています。酒造りが盛んな兵庫県の灘地方では、蔵に豆ダヌキがいるといい酒ができるといわれ、あがめられていたそうです。また、悪さをした人間に取りつくともいわれ、とくに大阪の豆ダヌキはよく取りついたとも伝わっています。

江戸時代の奇談集『絵本百物語 桃山人夜話』によれば、広げると8畳もある金玉袋を持ち、自らそれをかぶって別の者に化けたり、小雨の降る夜には傘のかわりにして酒を買いに出たりしたとあります。

さらに、それを大きく広げて、幻の部屋を人に見せたという話もあります。ある人が、友人の家に泊めてもらった際、うっかり畳の上に煙草の吸殻を落としてしまい、その途端、畳が一気にまくれ上がって、投げ出されてしまった。気がつくと、そこは野原で、部屋も家も消えていた——。その畳は、豆ダヌキが広げた金玉袋だったというわけです。

傘がわりにかぶっているのは……ナニ!?

豆ダヌキ

シトシトと雨が降る日は
鍋でいっぺぇやんのが
サイコーなんだもんね
又五通

参考画：『絵本百物語　桃山人夜話』
竹原春泉画（川崎市市民ミュージアム所蔵）

見上げるほどデカくなる“首長”妖怪

見越し入道

夜中に坂道をのぼって行くと、小坊主のような姿で現れて、見上げれば見上げるほど大きくなる――。これは全国的に知られている「見越し入道」という妖怪で、「次第高」や「高坊主」などとも呼ばれています。

そのまま見ていると、のどを締め上げられたり、死んだりすることもあるといわれていますが、「見越したぞ」といえば消えるといいます。

九州の壱岐島では、見越し入道が現れる前に「わらわら」と笹をゆらす音をさせるといわれていて、すかさず「見越し入道、見抜いた」と唱えると入道は消えるが、黙って通り過ぎようとすると竹が倒れてきて死ぬこともあると伝わっています。

妖怪画ではさまざまな姿が伝えられていますが、江戸時代の多くの草双紙では首の長い特徴的な姿で描かれていて、江戸時代後期には首の長さがより誇張された三つ目の姿が多く見られます。ほとんどが男性ですが、黄表紙の『天怪着到牒』には、「尼入道」という毛深くて長い首を持つ女性版の見越し入道が侍に噛みつく様子が描かれています。

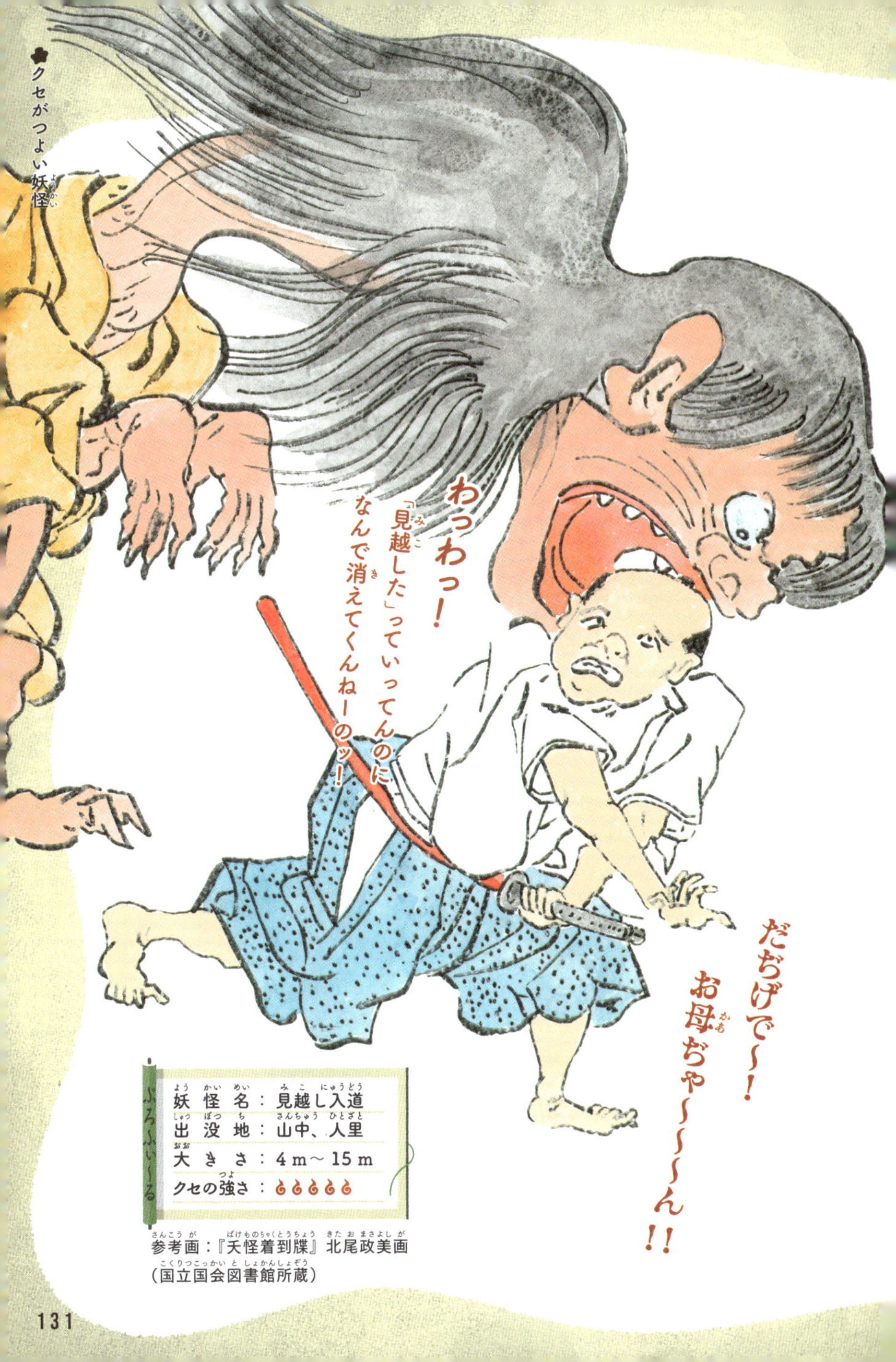

ぷろふぃ〜る	
妖怪名	見越し入道
出没地	山中、人里
大きさ	4m〜15m
クセの強さ	🔥🔥🔥🔥🔥

参考画：『天怪着到牒』北尾政美画
（国立国会図書館所蔵）

第3章

ヤバい妖怪

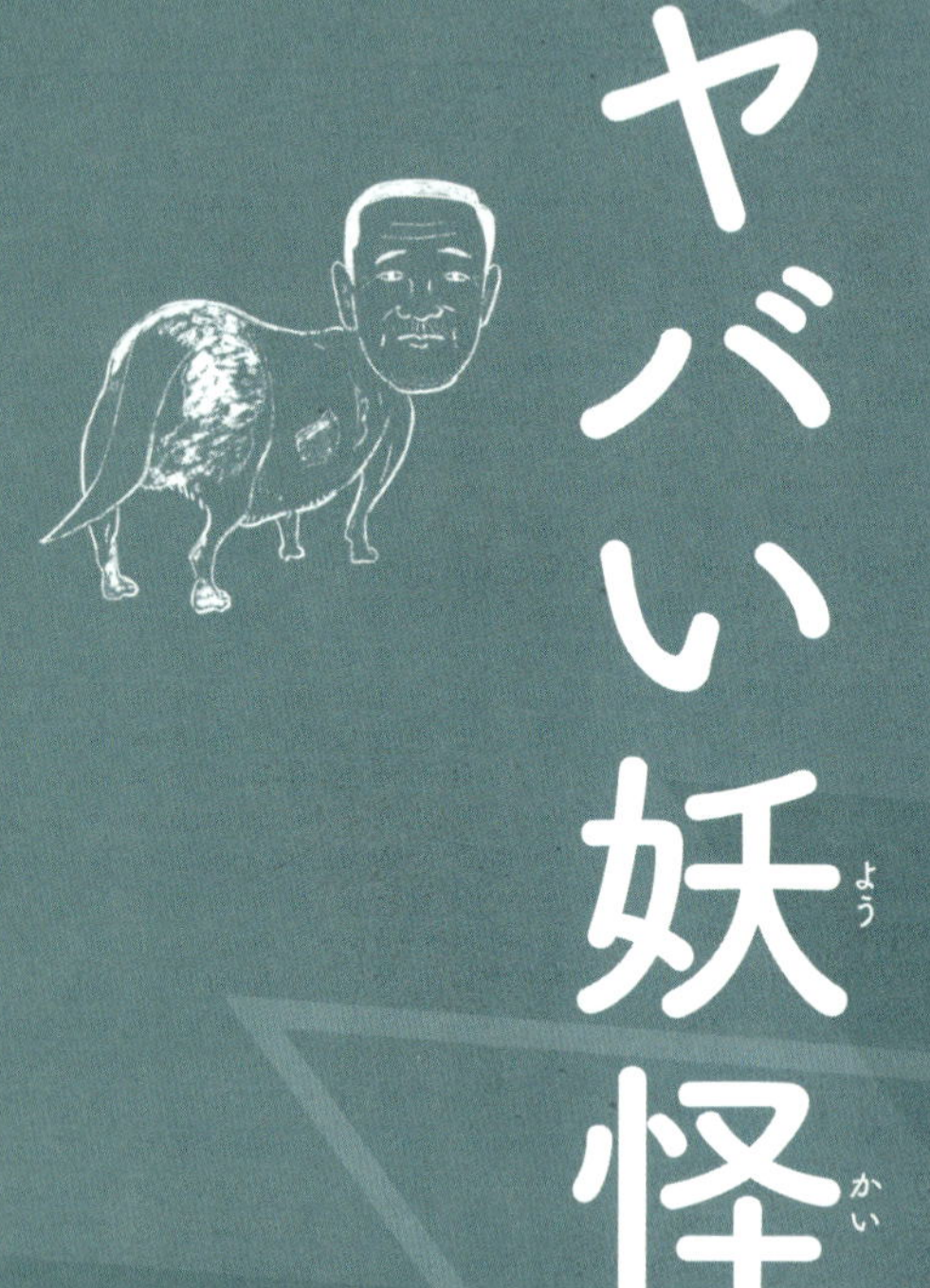

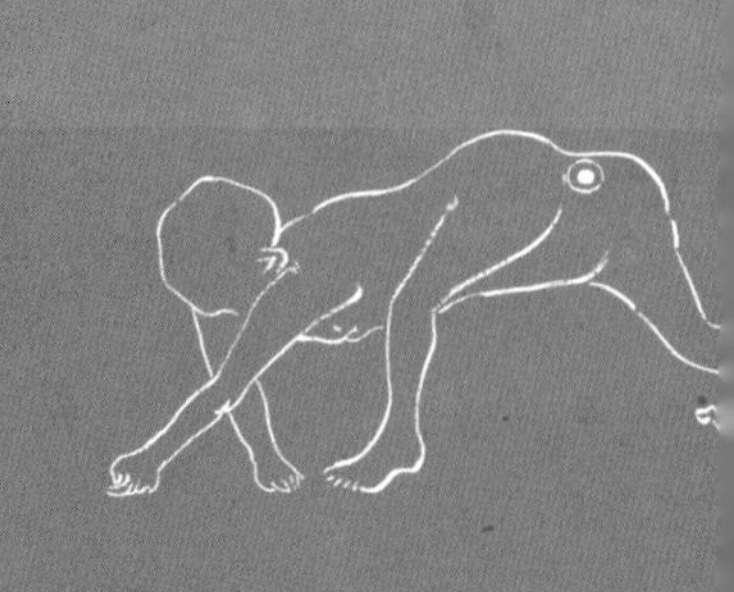

毎晩、汚い足を洗えと迫る。
突然現れて、臭い屁をかます。
出会い頭に尻についた目玉を
光らせて、相手を怖がらせる。
勝手に他人の家に上がり込み、
我が物顔に振るまう……。
ヤバすぎる妖怪たちが大集合です。

家政夫にしたい妖怪No.1？

あかなめ

お風呂掃除で、やっかいな汚れといえば水垢です。お風呂の中でも湯船は汚れやすく、掃除をしないと水垢がついてザラザラになってしまいます。そのうえ、お風呂場は家の中でも日当たりが悪いところにあることが多く、昔は便所とともに妖怪が住みつきやすい場所でした。

「あかなめ」は、垢をなめて生きる妖怪で、誰もいなくなった夜のお風呂場に現れるといわれています。『画図百鬼夜行』には、足に一本のカギ爪を持つ、ざんぎり頭（ちょんまげを切り落とした髪型）の妖怪が、長い舌を出した姿が描かれています。この画をもとにして描かれた妖怪画も多く、カラーのものは垢からの連想で全身が赤色に塗られたものもありますが、江戸時代の『百種怪談妖物双六』には三本爪の緑色のあかなめが描かれています。

「水垢をきれいにしてくれるならありがたい」というズボラな人がいるかもしれませんが、湯船につかっているところに現れでもしたらと想像すると気が気ではなく、のんびりとリラックスしていられません。

背中も流してくれってて？
あのさ～、オイラにだって相手を選ぶ権利があるんじゃね？
体色は緑ではなく
青色に変えてあります。
ぷろふぃ～る
妖怪名：あかなめ
出没地：風呂場、古屋敷
大きさ：1m 40cm
クセの強さ：

参考画：『百種怪談妖物双六』歌川芳員画
（都立中央図書館特別文庫室所蔵）

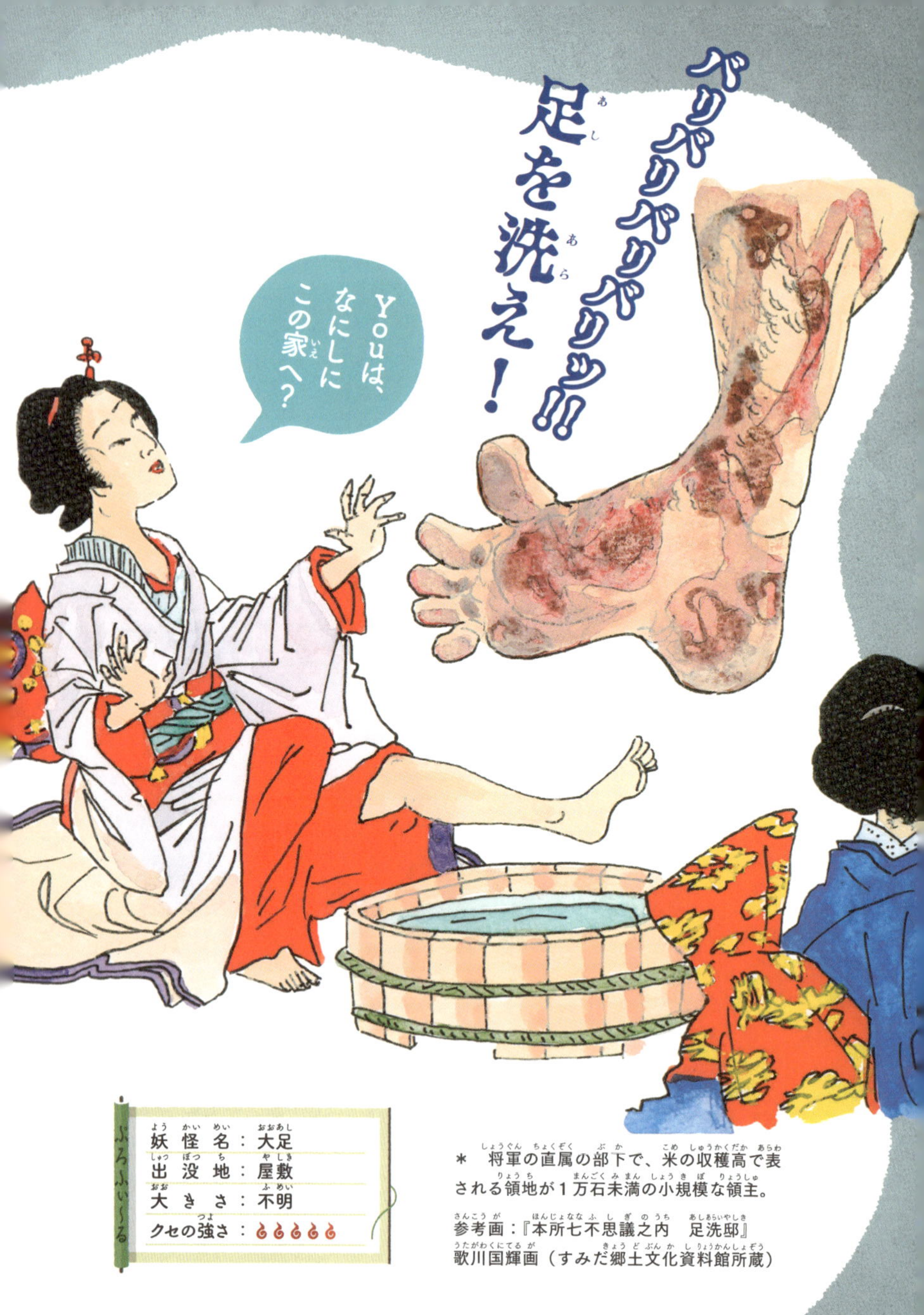

ぷろふぃ〜る

妖怪名：大足
出没地：屋敷
大きさ：不明
クセの強さ：

＊　将軍の直属の部下で、米の収穫高で表される領地が１万石未満の小規模な領主。

参考画：『本所七不思議之内　足洗邸』
歌川国輝画（すみだ郷土文化資料館所蔵）

天井を破って大足がズドーン!

足洗い屋敷

「足洗い屋敷」は、江戸の本所(現・東京都墨田区)で起きた「本所七不思議」と呼ばれる奇談・怪談の一つで、本所三笠町(現・墨田区亀沢)にあった味野岌之助という旗本(*)の屋敷で起きた怪異として語り継がれています。

この屋敷では、いつのころからか日が暮れると、天井裏から「足を洗え!」という声とともに、天井をバリバリッと突き破って剛毛におおわれた巨大な足が降りてくるようになったそうです。

その大足は血と泥にまみれていて、家人が洗ってきれいにすると天井裏に引っこみますが、洗わずにいると、怒って家中の天井を踏み抜いて暴れるという正体不明のヤバい妖怪です。

それが毎晩繰り返され、たまりかねた味野が仲間の旗本に相談すると、同僚は大いに興味を持ち、「そんなに困っているなら自分の屋敷と取りかえよう」といいだしました。味野は大喜びで取りかえましたが、屋敷の主がかわったとたん、大足は二度と現れなくなったといわれています。

女装趣味のヘンなおじさん？

いやみ

後ろ姿は、見目うるわしい女性に見えますが、かなり変わっているところが……それは、ファッションに対する趣味が普通でないこと。

妖怪画集『今昔百鬼拾遺』に描かれている「いやみ」は、後ろ姿は美しい女性ですが、水面に映っている顔はヒゲ面の老人のような形相をしています。

具体的な特徴などの解説はないので、どのような妖怪かはわかりませんが、女装趣味のヤバいおじさんにしか見えません。

あるいは、好奇の目を向けたり、後ろ姿にひかれて声をかけてきたりするチャラい男や「オレ様」たちに、美人とはまったくかけ離れた、不気味でイヤらしい顔を見せて脅かし、戒める妖怪かもしれません。

女装を趣味とするおじさんが増えて、女装体験ができるお店などもあまり珍しくなくなってきた今では、「いやみ」に会ったとしてもさほど驚かないかもしれませんが、昔は女装しているおじさんはまず見かけなかったでしょうから、かなり恐ろしい存在だったと思われます。

ねえ、彼女〜
お茶しない？

いいわよ
うひひひひ

ヤバッ！
ヒゲオヤジだっ!!

ぷろふぃ〜る

妖怪名：いやみ
出没地：人里
大きさ：1m50cm
クセの強さ：

参考画：『今昔百鬼拾遺』鳥山石燕画
（川崎市市民ミュージアム所蔵）

妖怪絵巻『百鬼夜行絵巻』に収録されている「馬鹿」は、衣をまとった一本角の妖怪で、馬のような長い顔と鹿の体をあわせ持ち、顔は馬とも鹿ともとれるようなマヌケな表情で、一つだけある目玉は顔から飛び出しています。そして、ひづめがある左右の手を上下にかまえて、おどけたようなポーズをキメています。どういう妖怪かわかりませんが、なんともバカそうなこいつを見た者はバカになってしまうというヤバい妖怪かもしれません。

馬鹿の語源は諸説ありますが、「鹿を指して馬となす」という中国の古い故事に由来するという説があります。これは、皇帝の側近が「珍しい馬がおります」といって鹿を献上したところ、皇帝は「それは、鹿ではないのか？」と聞き返した。しかし、側近は馬だと言い張り、ほかの家臣にも尋ねた。側近の報復を恐れる家臣たちは「馬」と答えたが、不満がある家臣たちは「鹿」と答えて処刑されたという——。このことから、権力にまかせて矛盾を押し通す意味として「馬鹿」といわれるようになりました。

ぷろふぃ〜る

妖怪名：	馬鹿
出没地：	人里
大きさ：	1m 50cm
クセの強さ：	●●●●●

参考画：『百鬼夜行絵巻』
尾田淑太郎（郷澄）画（松井文庫所蔵）

見るからにバカっぽいポーズをキメる

馬鹿

「バカが見～るブタ～のケ～ツ♪」っていうけど、ウマとシカとブタは誰がいちばんバカなんすかね～？
バカの反対の反対はバカなのだ
ウヒヨヒヨヒョヒョヒョ
ウヒョヒョ

この屁の威力、ハンパないって！

オッケルイペ

猫を吹き飛ばすことなんか屁でもないんだもんね。

おならビ〜〜〜〜〜〜ム！

ぷうううううううー！

「オッケルイペ」は「オッケオヤシ」とも呼ばれる、アイヌ(＊)に伝わる妖怪です。名前のオッケルイペとは、アイヌの言葉で「屁こき野郎」とか「猛烈な屁をこく者」、オッケオヤシは「屁のお化け」という意味で、その名が示すとおり、ハンパないオナラをするヤバい妖怪です。

人が家の中で一人でいるときなどに、突然、囲炉裏ばたで「ぷうう」と屁の音がする。姿は見えませんが、その後、部屋のあちこちから屁をこく音がして、しだいに臭いがひどくて耐えられなくなるそうです。

でも、こちらも負けじと屁をこくと、オッケルイペは退散するといいます。屁が出ない場合には、「ぷうう」と口で屁のマネをするだけでも効果があるともいわれています。

オナラ妖怪の代表といえば、屁で空を飛ぶともいわれている河童(74ページ)がいますが、オッケルイペは屁の衝撃波で船を壊したという伝承があり、怒った船員たちが殴り殺したところ、その正体は黒ギツネ(キツネの妖怪)だったそうです。

ぷろふぃーる

妖怪名	オッケルイペ
出没地	人家、人里
大きさ	1m50cm
クセの強さ	🔥🔥🔥🔥🔥

＊ 主に北海道を居住地域とする先住民。

参考画:『屁合戦絵巻』菱川師信画(早稲田大学図書館所蔵)

お下品にもほどがある柿の精霊

柿男

宮城県には、以下のような柿の妖怪の話が伝わっています。

とある寺の小僧のもとに男がやってきて、いきなりうんこをすると、それをすり鉢ですって食べろといいます。小僧がおそるおそる食べてみると、おいしい柿の味がしたそうです。不思議に思った小僧は、後日、和尚とともに男のあとをつけました。すると、男は山奥へ入って行き、大きな柿の木の下で消えてしまいます。和尚は、きっとこの柿の実が化けたのだろうと、落ちていた実を拾い集めて持ち帰りました。それ以来、男は現れなくなったそうです。

また、同県栗原市には「柿の精」と題した民話が残っています。ある屋敷に仕える女が、庭に実っている柿を食べたいと思っていたところ、夜中に赤い顔をした大男が現れ、手に持った棒を差し出しながら「オイラのケツの穴をホジろ」といったそうです。いわれたとおりにすると、今度は「ホジッた棒をなめろ」といいます。おそるおそるなめてみると甘い柿の味がして、翌朝に庭の柿の木を見ると、棒でえぐり取った跡のある実があったということです。

この棒でオイラのケツの穴をホジッてなめろ!
えッ!
えええ〜ッ!!
ふろふぃ〜る
妖怪名：柿男
出没地：人里、山中
大きさ：1m80cm
クセの強さ：
参考資料：民話をもとに創作

ぷろふぃ〜る

妖怪名：加牟波理入道
出没地：トイレ
大きさ：不明
クセの強さ：🌀🌀🌀🌀🌀

＊　江戸時代後期に肥前国平戸藩第９代藩主の松浦清（号は静山）により書かれた随筆集。

参考画：『今昔画図続百鬼』鳥山石燕画
（東北大学附属図書館所蔵）

トイレは覗くけど、エロじゃない？

加牟波理入道

「加牟波理入道」は、日本各地で伝承されている厠（トイレ）に現れる妖怪で、妖怪画集『今昔画図続百鬼』では、幽霊のように足がない入道（仏教の修行をする人）姿で、口からホトトギスを吐き出している様子が描かれています。

解説文には、大晦日に「がんばりにゅうどうほととぎす」と唱えると、この妖怪が現れなくなると記されています。

一方で、岡山県では「見越し入道」（130ページ）と混同されており、大晦日の夜に厠で呪文を唱えると人を脅かす入道が現れるので、唱えるべきではないとされています。

兵庫県では呪文を3回唱えると人間の生首が落ちてくるといい、これを部屋に持ち帰ると黄金になっているという話もあります。『甲子夜話』（＊）にも似た話があり、厠に入って名前を呼ぶと入道の頭が現れ、それを左の袖に入れると小判に変わるという記述があります。

トイレの中を覗きこむエロ妖怪かと思いきや、一部では富をもたらしてくれる〝トイレの神さま〞的な存在でもあるようです。

100メートルを6秒で走る!?

口裂け女

大きなマスクをつけたロングヘアの若い女性が、真っ赤なコート姿で現れ、学校帰りの子供に「私、きれい?」と尋ねてくる。「きれい」と答えると、「これでも?」とマスクを外す。すると、その口は耳元まで裂けている。「きれいじゃない」と答えると、包丁やハサミで斬り殺される――。

これが、昭和54(1979)年春から日本全国の小・中学生に恐怖を与え、集団下校やパトカーの出動騒ぎなどにまで発展した「口裂け女」の都市伝説です。

口裂け女がマスコミに初めて登場したのは昭和54年1月のことで、トイレに行こうとした老婆が、口裂け女を見て腰を抜かしたと『岐阜日日新聞』が報じたのが始まりです。その後、アレンジが加えられて全国に広まりました。

正体は不明ですが、中には「身長は2メートル超え」「100メートルを6秒で走る」という噂や、『ポマード』と3回続けて唱えると女がひるむので、その隙に逃げられる」といった防衛術などもまことしやかに語られました。

「私、きれい？」

「ん？ 普通じゃね？」

いや、「きれいじゃない」だなんて、
口が裂けてもいえないんだってば！

ぷろふぃ～る

妖怪名：口裂け女
出没地：町中、通学路
大きさ：1m60cm
（一説には2m以上）
クセの強さ：

参考資料：都市伝説をもとに創作

猫のような身のこなしで女性を襲う

黒髪切

江戸時代には、知らないうちに髪の毛を切り落とされていたという怪異の報告が多々あります。これは「かみきり」（76ページ）の仕業だといわれています。

「黒髪切」も、かみきりと同じく人の髪を切り落とす妖怪ですが、かみきりが本人の気づかない間に切ってしまうのに対し、黒髪切は強引に力づくで切り取るという点が大きく違います。

『髪切りの奇談』という幕末の錦絵によれば、ある屋敷の女中が深夜に厠（トイレ）へ行く途中、なにものかが突然背後から襲いかかり、髪にかじりついてきたといいます。悲鳴を聞きつけた屋敷の人々が駆けつけると、気を失っていた女中のそばには食いちぎられた髪が落ちていて、暗闇になにものかが身を潜めていたそうです。

人々が近づくと、猫のような身のこなしで去ってしまったとあり、黒い毛に全身がおおわれた妖怪が女中の髪の毛を食いちぎる様子が描かれています。

巨体に似合わず、身の軽い妖怪のようです。

ぷろふぃ〜る

妖怪名：黒髪切
出没地：人家、人里
大きさ：2m
クセの強さ：

参考画：『髪切りの奇談』歌川芳藤画
（江戸東京博物館所蔵）

意味もなくケラケラ笑う大女

倩兮女

「倩兮女」は、江戸時代の妖怪画集『今昔百鬼拾遺』に見られる妖怪で、着物姿の大女が、塀越しに踊るような仕草で笑う姿が描かれています。その画から身長は5メートルほどだと推測されます。

「箸が転んでもおかしい年ごろ」という言葉があるように10代後半の女性はなんでもないことでも面白がって笑うといわれますが、倩兮女もそういう年ごろの妖怪かと思いきや、解説文には、この妖怪の正体は多くの男を手玉にとった女の霊ではないかと記されています。

「笑う門には福きたる」というように、笑いにはプラスのイメージがありますが、倩兮女の笑い声は人を不安にさせる印象があり、福とは無縁のヤバい妖怪にしか見えません。

ちなみに、高知県には、同じように笑い声を立てる女の妖怪「笑い女」が伝承されています。こちらは17、18歳の若い女で、山菜を採りに行った二人の老婆の前に現れて笑いだし、老婆たちもつられて笑い、女がいなくなった後も笑いこけ、その挙げ句に何日も熱病にうかされたという話が伝わっています。

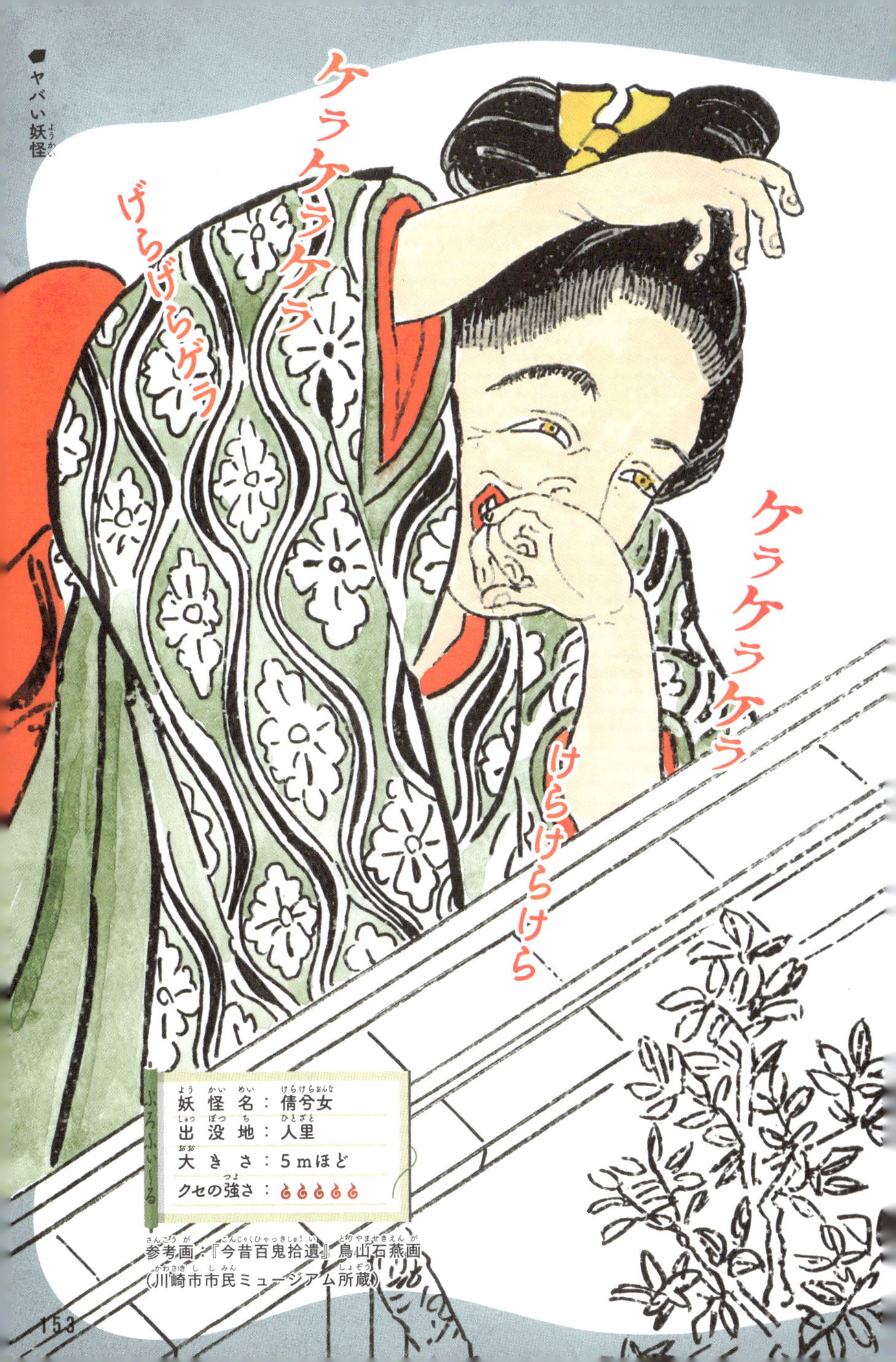

ぷろふぃーる

妖怪名：倩兮女
出没地：人里
大きさ：5mほど
クセの強さ：

参考画：『今昔百鬼拾遺』鳥山石燕画（川崎市市民ミュージアム所蔵）

＊　夜間に屋台などで売り歩くうどん店のこと。

参考画：『絵本百物語　桃山人夜話』
竹原春泉画（川崎市市民ミュージアム所蔵）

食い物の恨みはやっぱり「怖い」？

狐者異

「狐者異」は、江戸時代の奇談集『絵本百物語　桃山人夜話』に見られる妖怪で、血眼になって夜鳴きうどん屋（＊）のうどんを盗み食いしようとしている様子が描かれています。

解説文には、生きているときは他人のものを平気で盗んで食べ、死んでからもいろんな姿になって世の中をかき乱す強欲な妖怪だと書かれています。また、この「狐者異」の名が「怖い」の語源になっているとあります。

この妖怪画について、うどんは腹持ちが悪く、食べてもすぐにお腹が空いてしまうことから、この妖怪の貪欲さを象徴しているとする説もあるようです。

仏教では、強欲で卑しかったものは「餓鬼」の世界に生まれ変わるといわれています。餓鬼はいつも飢えと渇きに苦しみ、手に取った食べ物や飲み物は火に変わってしまうので、けして満たされることがないといわれています。

狐者異は、そんな飢えに苦しんでいた餓鬼が、この世に迷い出たものかもしれません。

「のっぺらぼう」の一種と思われる妖怪です。『蕪村妖怪絵巻』には、目も鼻も口もないのっぺらぼうが、全裸になって尻の穴にある一つの目でこちらを見ている様子が描かれ、京都の町中に現れたと記されています。

いきなり夜道でのっぺらぼうに出くわしただけでも恐ろしいのに、この「尻目」はそれだけでは終わらないようです。

のっぺらぼうの顔を見て腰を抜かしている相手を〝尻目（意識はしているが無視するという意味の言葉）〟

ウワッ、尻に目がある!!
ワーッ、尻の目が光った!!!
だおげで〜〜〜〜〜!!!!

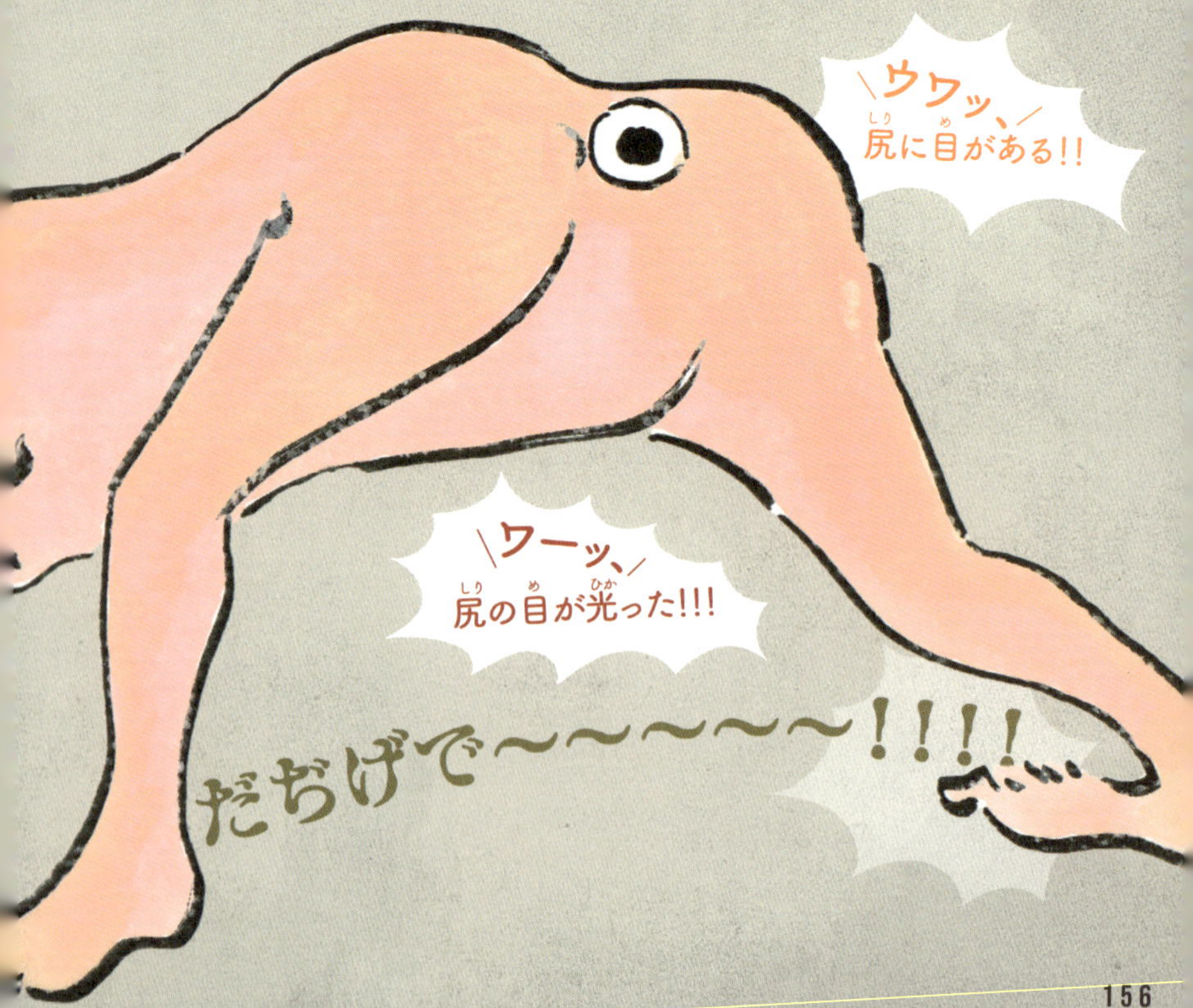

に、服を脱いで全裸になり、尻にある一つ目を見せて、さらに驚かせるといいます。出会った人は、のっぺらぼうの上に、尻に目があることで二重に驚くわけですが、さらに追い打ちをかけるように、一つ目を雷のようにピカッと光らせて脅かすといいます。

しつこく3度も人を脅かすヤバい妖怪ですが、そこまでして脅かす理由はわかりません。

ただ驚いている人を見て喜ぶ妖怪のようで、それ以上のことはしないようです。

3度も脅かすヤバすぎるヤツ

尻目

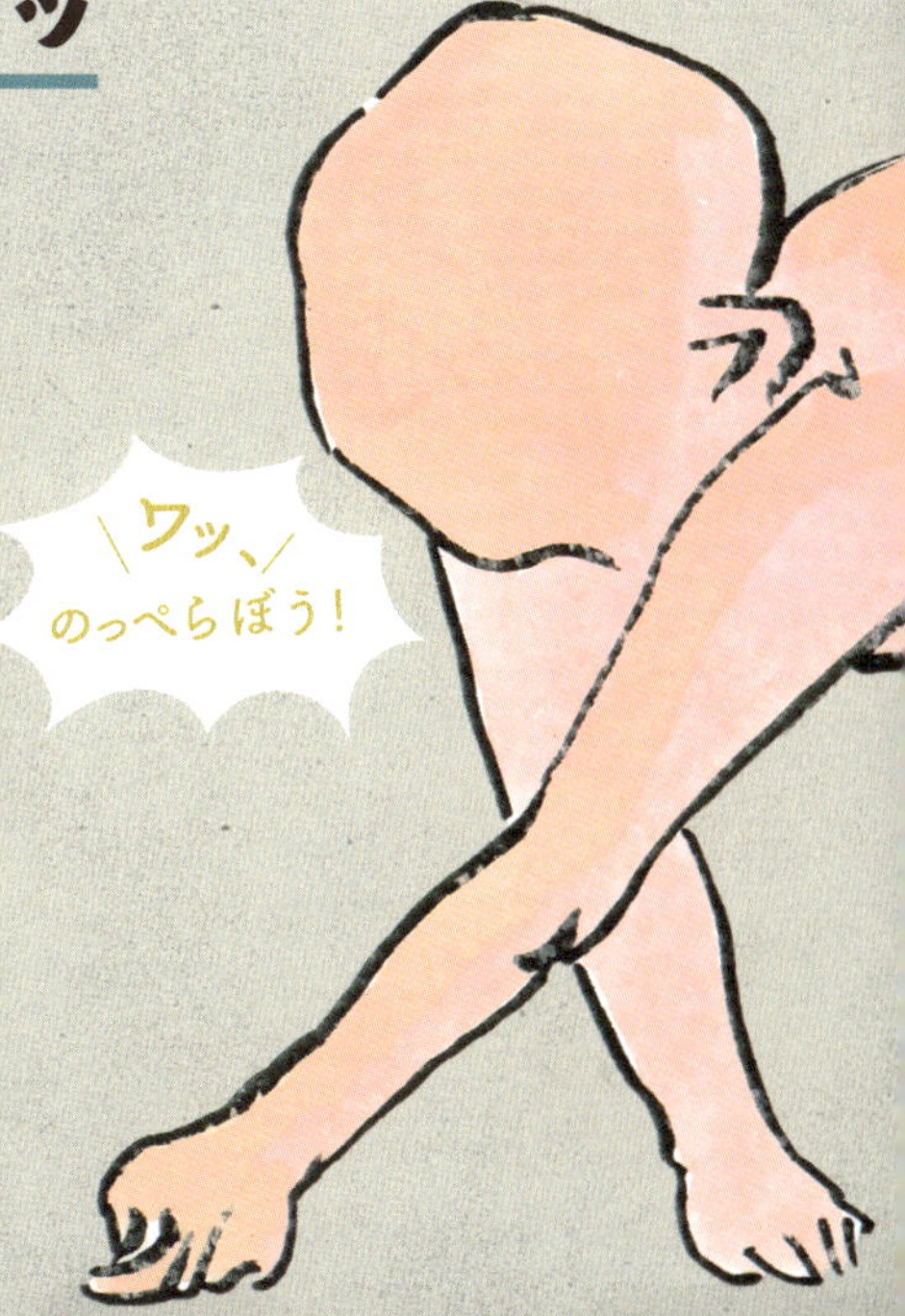

ぷろふぃ～る

妖怪名	尻目
出没地	人里
大きさ	1m40cm
クセの強さ	🌀🌀🌀🌀🌀

参考画：『蕪村妖怪絵巻』与謝蕪村画（東北大学附属図書館所蔵）

高速道路でこの顔に会ったら超危険

人面犬

私のことはほっといてください

いろいろありましてね
身の上を話せば
長くなりますから

参考資料：都市伝説をもとに創作

「人面犬」の噂は、平成元（1989）年から翌年にかけて、主に小・中学生の間で広まった都市伝説です。

その目撃例は、繁華街や公園などでゴミ箱を漁っている犬がいて、人が声をかけると振り返り、「ほっといてくれ」と言い返し、その顔がみすぼらしい中年男性のようだったというものです。また、「高速道路上を走っている車が人面犬に追い抜かれると事故を起こす」という噂や、「6メートル以上ジャンプした」といったエピソードも広まりました。

その正体については、リストラされて自殺した中年男性の怨念が犬に取りついたとする説や、環境汚染による突然変異説など諸説ありましたが、結局わからないままです。

実は、人面犬の伝承は古く、江戸時代の事件や町の話題を拾い集めて記録した『街談文々集要』（＊）によれば、江戸のとある家で飼われていた牝犬が産んだ子犬の1匹が人間そっくりの顔だったそうです。それを、見世物として売り出したところ、押すな押すなの大人気となったと記されています。

＊　文人の石塚豊芥子が文化・文政期に起こった町中の事件や話題を拾い集めて記録した史料。

ぷろふぃ〜る

妖怪名：人面犬
出没地：町中、公園
大きさ：中型犬くらい
クセの強さ：

わんばんこ！
ぶら〜〜〜ん
ぶら〜〜〜ん
ぷろふぃ〜る
妖怪名：天井下がり
出没地：人家
大きさ：1m 30cm
クセの強さ：
参考画：『今昔画図続百鬼』鳥山石燕画
（東北大学附属図書館所蔵）

天井裏には怪しいヤツらが潜んでいる

天井下がり

夜間の明かりが行灯（昔の照明器具）やロウソクの光しかなかった時代には、明かりの届かない天井の暗がりの中になにか怪しいものが潜んでいると考えるのは自然なことでした。

昔は、真っ暗な天井裏は怪しいものたちが住む異界と考えられていて、鬼が潜んでいるとか、鬼が食い殺した死体がたくさん散らばっていると信じられていました。

「天井下がり」は、そんな異界の住人で、夜中に突然、天井から現れて人を驚かせる妖怪です。『今昔画図続百鬼』には、長い髪を振り乱した醜い老女が、天井から逆さまにぶら下がった姿が描かれています。全身は毛むくじゃらで、ニヤニヤと笑っており、解説文には「美人にあらず」と記されています。

今はあまり使われなくなりましたが、昔は「天井を見せる」という言葉があって、〝仰向けにして起き上がらせない〟ということから、人を苦しめるという意味で使われていました。

天井下がりは、文字どおり天井を見せる妖怪のようです。

汚い天井をペロペロなめてくれる

天井なめ

妖怪の中には、人間と同じ食べ物を食べているものもいますが、なにを主食にしているのかわからないものや、油や水垢といった栄養があるとはとうてい思えないものを食べているものもいます。「天井なめ」もそんな妖怪で、天井についたホコリやカビ、クモの巣などをなめるといわれています。

そう聞くと、天井がきれいになって掃除をしなくてもいいから助かると思うかもしれませんが、なめることで、逆に汚いシミをつけるやっかいな妖怪です。

江戸時代の妖怪画集『百器徒然袋』には、顔を仰向けて長い舌で天井をなめている姿が描かれています。昔の家は、暑い夏場のことを考えて、天井を高く作るのがよいとされていました。そのため、冬になると部屋の中は寒く、灯火も届かないために薄暗くなっていました。解説文には、この「冬寒く、燈暗し」という状況は、家の構造によるものではなく、天井なめのせいだと記されています。

参考画：『百器徒然袋』
鳥山石燕画
（川崎市市民ミュージアム所蔵）

二本角のミステリアスな妖怪

苦笑

苦々しく感じながらも怒ることもできず、しかたなく笑いにまぎらすことを「苦笑い」や「苦笑」といいます。それが名前になっている妖怪が、多くの妖怪絵巻に描かれています。

古くは室町時代の『百鬼夜行絵巻』に見られ、二本の角が生えた緑色の獣のような怪物が、肩脱ぎ姿で描かれています。絵巻物によっては尻尾が生えていたり、体毛が濃かったり、若干の違いはありますが、ほぼ同じ姿形をしています。

どの絵巻物にもどんなことをする妖怪なのかは示されていませんが、その名前から、苦々しい気持ちにさせる妖怪、あるいは苦々しいという感情から生まれた妖怪だと考えられています。

水木しげるの『決定版　日本妖怪大全』には、「不機嫌で不快なとき、笑いたくないのに、強いて笑って己の内心を自らあざむこうとしているとき、その場に現れる」とあります。また、毒舌を吐いて、人に憎まれることを好む妖怪だとも書かれています。本心がつかめないぶん、不気味さが増します。

苦笑いって怒ってんの？笑ってんの？
お答えしましょう 苦笑いは怒ることを我慢するときに出てしまう笑いなんです
だから、どっちやと聞いてんねん!!
それは……まあ……ハハハハ……
作り笑いすなっ！
ぷろふぃ〜る
妖怪名：苦笑
出没地：人里
大きさ：1m30cm
クセの強さ：

参考画：『百鬼夜行絵巻』
尾田淑太郎（郷澄）画（松井文庫所蔵）

ぬっぺっぽう

のっぺらぼうの一種は衝撃の一頭身

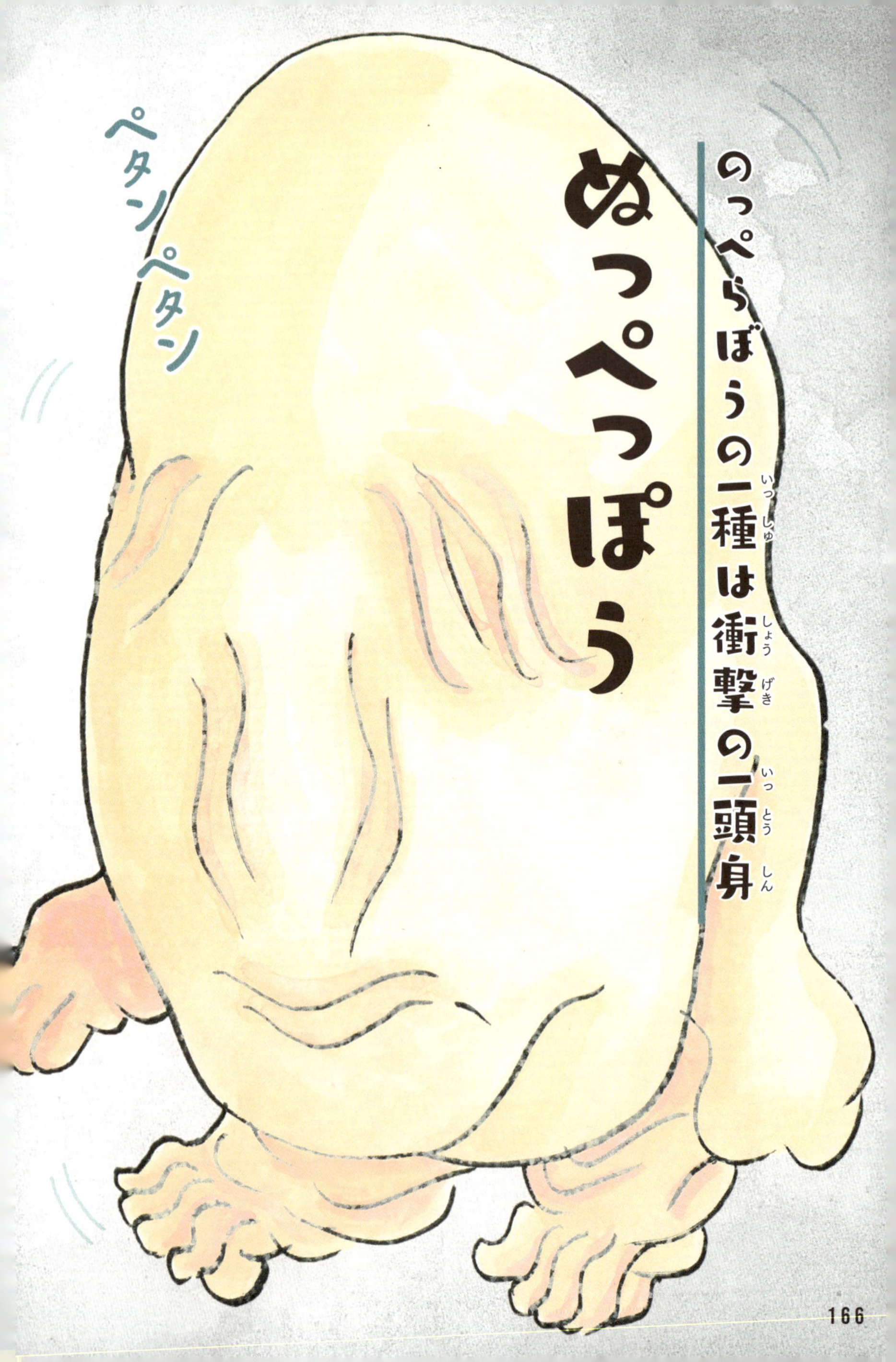

のそのそ

ぷろふぃ〜る
妖怪名：ぬっぺっぽう
出没地：人里
大きさ：1m30cm
クセの強さ：

参考画：『百怪図巻』佐脇嵩之画（福岡市博物館所蔵）

目も鼻も口もない「のっぺらぼう」という妖怪がいますが、「ぬっぺっぽう」または「ぬっぺふほふ」と呼ばれる一頭身の肉の塊のようなこの妖怪も、目鼻なのかシワなのかわからない姿形をしています。

江戸時代の洒落本（小説の一種）『新吾左出放題盲牛』に、「ぬっぺっぽうという化けものあり。目もなく耳も無く」とあることから、のっぺらぼうの一種と見られていますが、その正体については、古いヒキガエルが化けたもの、キツネやタヌキの類い、死肉が化けて生まれた妖怪……など諸説あります。

行動や目的も不明で、「寺に現れる」と書かれている文献もあれば、洒落本には「死人の脂を吸い、昔は医者に化けて出てきた」などとあります。逆に、中国の最古の妖怪図鑑『白澤図』にのっている「封」という妖怪で、その肉を食べると武勇に優れ、多大な力を得るともいわれ、徳川家康が駿府城にいたときに現れた妖怪と同じものだという話も伝わっています。

ひょこひょこ

多くの絵巻物に描かれている妖怪で、その姿は、頭の後ろが異様に長いハゲ頭の老人で、着物もしくはお坊さんが着る袈裟を身につけています。

「妖怪の総大将」という説もありますが、そんな大物ぶりは感じられず、ヨボヨボのお年寄りにしか見えません。行動パターンも意味不明で、忙しい夕方どきに、どこからともなくフラリと現れて、他人の家に勝手に上がりこみ、お茶をすすったり、主のキセルでタバコをふかしたりしてくつろいでいます。まったくもって迷惑きわまりない〝自己チュー老人〟のような妖怪です。

『画図百鬼夜行』には、駕籠から降りて家の中に入っていく姿が描かれています。この画について、『日本ミステリアス妖怪・怪奇・妖人事典』には、乗り物から降りることを「ぬらりん」といったことにかけた描写ではないかと記されています。

人間にはまったく危害は加えませんが、ずうずうしいにもほどがある、ヤバい妖怪です。

ぷろふぃ〜る

妖怪名：ぬらりひょん
出没地：人家、人里
大きさ：1m50cm
クセの強さ：🔥🔥🔥🔥🔥

参考画：『百怪図巻』佐脇嵩之画
（福岡市博物館所蔵）

他人の家に勝手に入る ずうずうしい妖怪

ぬらりひょん

ごはん、まだ？
あんた、誰!?
かたいこと いわないで 晩ごはんぐらい 食べさせてよ～

チュー♡したそうな
赤い唇がキショい

身の毛立ち

肩こりがひどい？
わかりやした
わいがモミモミ
しちゃりまひょ

キショッ！
さわるな
ハゲ!!

参考画：『化物尽絵巻』北斎季親画
（国際日本文化研究センター所蔵）

頭はツルツルなのに、裸の上半身は剛毛というこの妖怪は「身の毛立ち」といい、多くの絵巻物に描かれています。

見るからにかたそうな体毛が立っていることからその名前がつけられたのかもしれませんが、寒さや恐ろしさから体の毛が逆立つことを「身の毛立つ」ともいうので、それほどに恐怖を与える妖怪ということなのかもしれません。

背中を丸め、「チューしたい！」といわんばかりに唇をとがらせて、そろりそろりと忍び足をしているように描かれた姿は、見るからにヤバい変態エロオヤジそのもので、こんな妖怪に会ったら、きっと身の毛立つに違いありません。

『百鬼夜行絵巻』では、同じ妖怪が「じゅうじゅう坊」という名前で描かれています。妖怪研究家の多田克己は、このじゅうじゅう坊のことを、理非（正しいことと間違っていること）の区別がつかない愚かな妖怪で、責められてなにもいえなくなったために、口先をすぼませているという説を唱えています（『妖怪図巻』解説より）。

ぷろふぃ～る

妖怪名：身の毛立ち
出没地：人家、人里
大きさ：1m50cm
クセの強さ：🌀🌀🌀🌀🌀

夜中にそっと唇を奪いにくる

山地乳

「山地乳」は、奇談集『絵本百物語　桃山人夜話』に見られるもので、サルに似た妖怪が口先をとがらせて、寝ている男の唇を奪っているようなヤバい姿が描かれています。

同書によれば、コウモリが年をとると「のぶすま」（108ページ）になり、さらに年をとると山地乳となって山中に隠れ住むとあり、深山では「さとりかい」と呼ばれると書かれています。

この「さとりかい」は、中央アルプスから穂高連峰あたりに住む妖怪で、人の心を読む能力を持っている「覚」と同一視されたものと見られています。

山地乳は、奥州（現・東北地方）に多く生息し、眠っている人の寝息を吸い取る妖怪で、吸われた者は翌日に死んでしまうと伝えられています。また、寝息を吸い取った後に胸を叩かれるとその場で死ぬともいわれています。

しかし、寝息を吸い取られている様子をほかの誰かに見られていれば、逆に寿命が延びるそうです。

ふろふぃ〜る

妖怪名：山地乳
出没地：旅籠、人家、山中
大きさ：1m50cm
クセの強さ：

チュウウウウウウ！

う〜ん、生臭い
ムニャムニャムニャムニャ

参考画：『絵本百物語　桃山人夜話』竹原春泉画
（川崎市市民ミュージアム所蔵）

あとがき

「河童を見たことがある」といえば、いい大人がなにをいってるんだとあきれられ、「頭おかしいんじゃない?」と笑われるでしょうか。そういうぼく自身、河童なんているわけがないと頭の片隅では思っていますが、遠い少年の日に、なにか不思議なものを見てしまったのです。

ぼくが生まれ育ったのは高知県の片田舎で、四万十川の河口にひらけた小さな町です。四万十川には、昔から「猿猴」という河童の仲間が住んでいるといわれ、文久3（1863）年に、河口に近い間崎という地区で漁師が生け捕ったという話が伝承されています。ぼくが見たのは四万十川河口から少し南にある海岸で、山から海へ向かってひょこひょこと下りてくる姿でした。どんどんと近づいてくるので、ぼくは怖くなって逃げ出しました。それから何年かが経ち、妖怪関連の文献をひもといて、それは猿猴ではなく、「ひょうすべ」（118ページ）だと知りました。

大人になってから、水木しげる先生と、本書を監修してくださった荒俣宏先生とお仕事をご一緒させていただくという幸運に巡り合いました。水木先生に初めてお会いしたとき、ぼくは先生に「妖怪は見たことがあるのですか?」と訊いてみました。すると水木先生は、「ありません。妖怪は感じるものです」とおっしゃいました。ぼくが小学生のときの体験を話すと、「子供や妖怪感度が高い人は、たまに見ることがあるんです」とおっしゃいました。水木先生が描いている妖怪画について水を向けると、「妖怪画に作家性は必要ないんです。勝手に創作しちゃいかんのです」という答えが返ってきました。

しかし、そういう水木先生は妖怪を創作されています。たとえば『ゲゲゲの鬼太郎』に登場する子泣き爺や砂かけ婆は伝承があるだけで、妖怪画は存在していません。そのことについて訊ねると、「話だけで妖怪画がないものもいます。だから、仕方なく水木サン（水木先生は自分のことをこう呼びます）が描いとるわけです」と。水木先生いわく、妖怪画は万人がそれとわかる姿形が描かれていて、その背景には連綿と続く文化があるので、勝手に創作してはいけないということでした。

本書は、千種類を超えるといわれる妖怪の中から、「クセがつよい」と思われる80体を選び出し、その特徴などを紹介したものです。姿形は、水木先生の言葉に従い、昔から繰り返し模倣されてきた妖怪画をもとに、少しだけデフォルメを加えて再現してあります。マンガやテレビと同じように楽しんでもらってもかまわないし、ふと妖の気配を感じたときなどにひもといてもらってもいいと思います。

ぼくはいい年をした大人ですが、妖怪は姿を現さなくなっただけで、今でもきっとどこかにいると信じています。

平成30年12月吉日　**左古文男**

鬼太郎と妖怪たち　© 水木プロダクション

監修：荒俣 宏（あらまた・ひろし）

1947 年東京都生まれ。作家、博物学者。慶應義塾大学法学部卒。神秘学、博物学、風水など多分野にわたり執筆活動を続け、『帝都物語』（日本 SF 大賞）、『世界大博物図鑑・魚類編』（サントリー学芸賞受賞）などの著作がある。

著者：左古 文男（さこ・ふみお）

1960 年高知県生まれ。文筆家、漫画家、編集者。1986 年、漫画家としてデビュー。89 年に小説家に転向。主な著書は『ゲゲゲの旅』（学研パブリッシング）、『尾道、食べさんぽ。』（誠文堂新光社）。共著に『四万十食堂』（安倍夜郎との共著・双葉社）、『四万十怪奇譚』（井上淳哉との共著・双葉社）などがある。また、企画・編集作品として水木しげるの最後のインタビューをまとめた『ゲゲゲのゲーテ』（双葉新書）がある。

＜参考文献＞

『鳥山石燕　画図百鬼夜行全画集』鳥山石燕・著（角川ソフィア文庫）
『桃山人夜話　～絵本百物語～』竹原春泉・画（角川ソフィア文庫）
『決定版　日本妖怪大全　妖怪・あの世・神様』水木しげる・著（講談社文庫）
『日本妖怪大事典』村上健司・編著　水木しげる・画（角川書店）
『妖怪文化入門』小松和彦・著（角川ソフィア文庫）
『日本の妖怪』小松和彦　飯倉義之・監修（宝島 SUGOI 文庫）
『百鬼夜行絵巻の謎』小松和彦・著（集英社新書ヴィジュアル版）
『全国妖怪事典』千葉幹夫・編（講談社学術文庫）
『ARTBOX ゆるかわ妖怪絵』安村敏信・著（講談社）
『ゆる妖怪カタログ』妖怪文化研究会・著（河出書房新社）
『ビジュアル版日本の妖怪百科』岩井宏實・監修（河出書房新社）
『日本の妖怪 FILE』宮本幸枝・編著（学研パブリッシング）
『妖怪図巻』京極夏彦・文　多田克己・編　解説（国書刊行会）
『妖怪萬画』辻惟雄ほか・著（青幻舎）
『新版遠野物語　付・遠野物語拾遺』柳田国男・著（角川ソフィア文庫）
『日本ミステリアス妖怪・怪奇・妖人事典』志村有弘・著（勉誠出版）
『百鬼夜行絵巻　妖怪たちが騒ぎだす』湯本豪一・著（小学館）
『今昔妖怪大鑑　湯本豪一コレクション』湯本豪一・著（パイインターナショナル）

知れば知るほど面白い！
クセがつよい妖怪事典

2018 年12 月24 日　初版第 1 刷発行
2019 年 3 月20 日　　　第 2 刷発行

監修者　荒俣 宏

著者（画と文）　左古 文男

発行者　飯田 昌宏
発行所　株式会社 小学館
〒101-8001 東京都千代田区一ツ橋 2-3-1
編集　03-3230-5965
販売　03-5281-3555
装丁・本文デザイン　小泉 望（MUSTARD Inc.）
印刷所　萩原印刷 株式会社
製本所　株式会社 若林製本工場

©Hiroshi ARAMATA/Fumio SAKO 2018 Printed in Japan ISBN978-4-09-227203-3

造本には十分注意しておりますが、印刷、製本など製造上の不備がございましたら「制作局コールセンター」（フリーダイヤル 0120-336-340）にご連絡ください。（電話受付は、土・日・祝休日を除く 9:30 ～ 17:30）
本書の無断での複写（コピー）、上演、放送等の二次利用、翻案等は、著作権法上の例外を除き禁じられています。本書の電子データ化などの無断複製は著作権法上の例外を除き禁じられています。代行業者等の第三者による本書の電子的複製も認められておりません。